就実大学 グローカルブック

文化発信基地としての瀬戸内文化圏の未来

就実大学 経営学部 編

GLOCAL BOOK

文化の発信基地としての瀬戸内文化圏の未来

就実大学経営学部編

本書は、２０１４年6月22日（日）、岡山国際ホテルで開催された就実学園創立１１０周年記念講演「文化の発信基地としての瀬戸内文化圏の未来」を収録しています。

文化の発信基地としての瀬戸内文化圏の未来

目　次

開会の辞

就実学園理事長　千葉喬三

就実学園の１１０周年を記念するために、「文化の発信基地としての瀬戸内文化圏の未来」と題します講演会をご案内いたしましたところ、こんなにたくさんおいでいただきまして、心から御礼申し上げます。

就実学園ができたのは明治37年です。女子の実科学校として発足いたしました。そのあと、ちょうど日露戦争が終わるころに、明治天皇のお言葉を使わせていただいて、「去華《きょか》就実《しゅうじつ》」ということを学是としまして、学園として本格的にスタートをしたということでございます。１１０年の間さまざまなことがございましたが、その間、この岡山の地にあって、多数の有為の人材を、地域あるいは日本に送り出してきたと自負しております。これはひとえに皆様方のご支援のたまものと、ここであらためて厚く御礼申し上げる次第でございます。

今日はご案内のように、オーストリアのハプスブルク大公のご講演をいただいた後、大原謙一郎様、福武總一郎様、蓑豊様という、おそらく日本はおろか世界でも、こういう取り合わせの講演会なりシンポジウムは、かつて開かれたことがないだろうと思っております。非常にユニークな会になると思いますので、ぜひご期待いただきたいと思います。お話をいただくのは、この岡山がこれからどういう生き方をしていくのか、岡山に住んでいる人たちがどういう意識を持って生きていくのかということを、今日、ここで皆様方と一緒に考えてみたいというのが会の趣旨でございます。

最近、私達が接しますニュースや話題は、まず経済的な話、さらには政治的な話が多うございます。それはそれとして大変大事なことなのですけれども、やはり一つ、どうしても忘れがちなのは、文化というアイテムでございます。文化の裏付けのない経済や政治というのは、これはもう虚構でございます。ぜひ、文化ということをもう一度見直して、その上に立った経済なり政治というのを考えてみようではないか、それも地方から考えてみようではないかというのが、今日の大きなテーマでございます。これまでは、ややもすると経済も政治も、国と国という関係で考えられてきましたけれど、もうそういう時代は終わりつつある。これからは、地域、地方がそれぞれに独立した文化を持って、独立した価値観を持って、世界に出ていく時代だと考えております。

私はたまたま生態学というあまりお金にならない学問を専門にやっていたのですけれども、その生態学の中で非常に重要な原理がございます。それは、多様性ということです。今は少し多様性などいろいろなことを言っていますけれど、生き物の世界がなぜ40億年間も絶えることなく発展し続けたかというと、いろいろな生物が、いろいろな生活の仕方をもって、お互いに競争しながらお互いに助け合って生きてきた。だからすべての生物が生き残った。それは、一つ一つが違うからなのです。一つ一つが違う価値を持って、違う生き方をやってきた。そのことが、全体の安全、発展につながった。これは、生物が教えてくれる教訓だと思っています。このことは、そっくり私達の人間社会にもいえることであって、これまでのように、一つの価値観、あるいは二つ三つの右か左かという話ではなくて、地方地方がそれぞれの歴史に基づいた価値観をもってやっていくべきです。

そうして考えますと、この岡山という地は真にふさわしい土地だということを、あらためて考えさせられます。申すまでもなく、吉備の国がここから発祥しました。それから、九州と畿内とをつなぐ、あるいは山陰をつなぐ、そういうところにすべてこの岡山があったわけです。ここからいろいろな日本の基本的な文化が作られていった。ここがまさに、発信の基地だったというように思います。そのことは現在も変わっておりません。

今日は半日とちょっと長いですけれども、そういうことをあらためて考えながら、先ほど申し上げましたように、ちょっとどこでもお集まりいただけないメンバーの方のそれぞれのお話を皆様と一緒にお聞きして有効な時間を過ごしたいと思っております。最後までどうかよろしくお付き合いいただきますようにお願いしまして、開会のあいさつに代えさせていただきます。

第1部　講演

文化を育てるということ

ヨーロッパ文化とハプスブルク家

就実大学客員教授

ゲーザ・フォン・ハプスブルク大公

ゲーザ・フォン・ハプスブルク大公
1940年ブタペスト生まれ。
オーストリア皇帝フランツ・ヨーゼフ直系。
ファベルジェの世界的権威。

※ファベルジェ
宝飾様式もしくはメゾン名。ロシアの宝石商人ピーター・カール・ファベルジェの名前に由来。19世紀、ロシア皇帝の寵愛を受け、他国の王室への贈り物として好まれるようになった。サプライズと呼ばれる独創的な仕掛けが仕込まれた、美しく精緻な美術工芸の施されたイースター・エッグが有名。

〈略歴〉
1965年 スイスのフリブール大学より博士号取得
1966年 世界的オークションハウスのクリスティーズ入社
1980年 同ヨーロッパ事業会長
ニューヨークインテリアデザイン大学やニューヨーク大学で准教授などを務め、現在メトロポリタン美術館講師

司会　ヨーロッパでハプスブルク帝国が存続しているとすれば、彼の肩書きは、オーストリア帝国ゲーザ大公、ハンガリー王国皇太子殿下、そして、就実大学客員教授であらせられます。ゲーザ・フォン・ハプスブルク大公、ようこそいらっしゃいました。

ハプスブルク家と芸術

コンニチハ、オカヤマノミナサン。これは、私が知っている数少ない日本語のひとつです。私の旧友である杉山学部長、お招き頂きありがとうございます。かれこれ20年来の付き合いになるでしょうか。今回、この特別なイベントにグローバルな文化面を加えることが私の役割だと思っています。私の題目は、ヨーロッパにおける７５０年間の支配という長い期間に及びます。そのため、その中の非常に短い期間を選び、ハプスブルク王朝の政治と芸術保護における役割を説明したいと思います。

ハプスブルク家の芸術保護というのは、私の中で重要にしているテーマです。本を書いています。その本では、ハプスブルク家の芸術保護という特定の分野について書いており、主に、クンストカンマー（不思議の部屋）と呼ばれるものです。クンストカンマーは今日の博物館の前身となったもので、美術品の陳列室であり、16

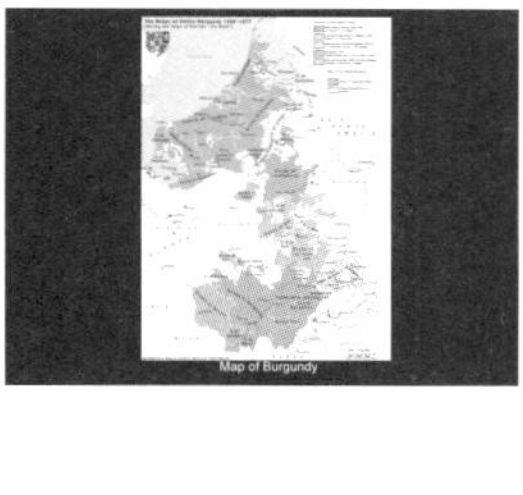

世紀後期に、初期の支配者の一人によってつくられたコレクションの一つです。ハプスブルクのクンストカンマーコレクションは、実際には美術史美術館の中にあり、ほとんどがハプスブルク家が収集した美術品で占められています。

ハプスブルク家が台頭してきたのは9世紀以前にまで遡り、我々はいつもヨーロッパで最古の家系だと思っておりました。来日するにあたり、我々は大変謙遜しております。というのも、日本人の支配者の起源は我々のように1000年どころか、それ以前、つまり神々の時代に由来しています。我々はそれには及びません。

では、テーマを大分絞って、15世紀後半のマクシミリアン1世（神聖ローマ皇帝）と彼の若く美しい妻、マリー・ド・ブルゴーニュから始めましょう。彼らは貧しいハプスブルク家の王国を象徴し、芸術にお金を費やすことは決してありませんでした。芸術品で破産する支配者もいました。戦争によって滅びる者もいました。そして、1477年だったと思いますが、主権を持つハプスブルク家とヨーロッパ中で一番裕福な女子相続人の若い2人が結婚したのです。

ブルゴーニュ公国というのは中央ヨーロッパの国で、マリー・ド・ブルゴーニュの父親が支配しており、オランダ、ベルギーとフランスの南東部が含まれていました。ブルゴーニュ公国は、土地が肥沃だっただけでなく、大変美しく贅沢な芸術品にあふれていました。そのほとんどは、現在、我々のものではありません。というのも、戦争費用のために、それらを抵当にし、売りに出したからです。ウィーンの

Habsburg Ancestors, Innsbruck Hofkirche, 1510-1550

The Innsbruck Hofkirche with Maximilian I's Cenotaph

Duchess Bianca Maria Sforza, 1472-1510
Emperor Maximilian I, 1519

美術史美術館へ行けば、ほとんどのものをご覧になれます。15世紀の品です。

美しいマリー・ド・ブルゴーニュは2人の子ども、息子と娘に恵まれましたが、大変悲しいことに、30代初めに落馬事故により亡くなりました。彼女の財を全て使い果たしたマクシミリアン1世は、さらなる財を得るために再婚しました。そして、スフォルツァ家のミラノ公の不幸な娘と結婚しましたが、子宝に恵まれませんでした。マクシミリアン1世は彼女の財産を全て受け取り、城に幽閉し、それが私たちの聞く彼女の最後でした。

一家の功績を描き名声を広めた芸術品

マクシミリアン1世は、最大の芸術保護者でしたが、特にハプスブルク家の名声を広めることに力を注ぎました。大勢の芸術家を働かせ、印刷機の発明を通して、ヨーロッパ中の人にその良い知らせを広めました。この名声を広めた作品のほとんどは、紙の作品ですが、最も見えやすく接近しやすい遺跡は、インスブルック宮廷教会にある彼の棺です。そこでは、大きなブロンズの像に本物とそうでないハプスブルク家の祖先が描かれています。円卓のアーサー王のような人物も見られますが、ほとんどはハプスブルク家の実在の祖先です。

こちらは再びマクシミリアン1世ですが、彼の独特な鼻を見たらお分かりになる

Emperor Maximilian I and his Family

Queen Juana of Spain, 1479-1555　King Philip I, 1478-1506

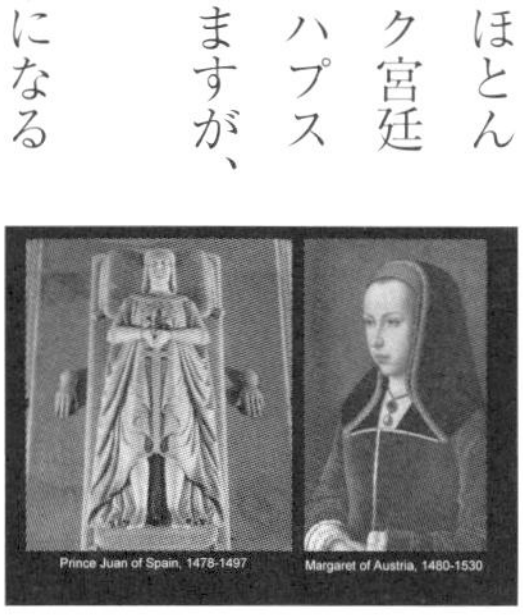
Prince Juan of Spain, 1478-1497　Margaret of Austria, 1480-1530

でしょう。今日まで続くハプスブルク家にみられる特徴です。そして、彼の２人の子どもたち、フェリペ１世とマルグリット・ドートリッシュ、彼の娘と２人の息子たち、カールとフェルディナンドです。彼らは皆、下顎前突症でした。

　この２人の子ども達が、マクシミリアン１世の後継者として主要な役割を示しました。１人はスペインとポルトガルを支配し、もう１人が支配したのは、帝国の東側全部、すなわち、現在のドイツ、オーストリア、そして後のハンガリーとボヘミアでした。

　これがマクシミリアン１世の息子の端麗王フィリップと、妻です。マクシミリアン１世は２つの二重結婚をさせ、ハプスブルク家の支配領土を広げました。まず、孫を後のスペイン女王、狂女王フアナと結婚させます。そして娘はフアナの兄であるジョンと結婚しました。この二重結婚をもって、スペイン全土とポルトガルがハプスブルク家の支配下におかれました。端麗王フィリップと狂女王フアナの子どもは、後の皇帝カール５世とフェルディナンド１世です。カール５世は、１５５５年に退位するまでに、ハプスブルク家の全領土を統一し、最もグローバルな皇帝となりました。

　１５５５年、帝国は２つに分割され、カール５世の弟がオーストリア東部を、息子がポルトガルとスペインを支配しました。カール５世がヨーロッパのほとんどを支配したのに、息子はスペインとポルトガルだけで、弟は帝国の東部全土を支配し

Tunis War Tapestry, ca. 1535, Kunsthistorisches Museum, Vienna

The Habsburg Empire in Europe under Emperor Charles V, ca. 1550

Emperor Charles V, 1500-1558
Emperor Ferdinand I, 1503-1564

たのです。

芸術はハプスブルク家の名声を伝えるのに重要な役割を果たしました。名声を高めるために、大きなひと続きのタペストリーが作られ、様々な功績や当時の皇帝の勝利の数々が表現されました。カール５世の戦いのひとつで、北アフリカで遊牧民の反乱にたちむかう様子が分かります。彼のお抱え宮廷画家が大きくデザインしたものが、大変高価なタペストリーになったのです。これらのタペストリーは金と銀の糸で作られ、大変重いものでしたが、皇帝が幾度となく旅行に行く際にはハプスブルク家の宣伝として持って行きました。絵画も同じで、カール５世が特に気にいっていたのが、ベネチア人画家ティツィアーノでした。彼はカール５世を何度も描き、それが公式な肖像画となり一般の目に触れることとなりました。

では、ハプスブルク家のお抱え宮廷画家の別の側面をお目にかけましょう。これからお見せするのは、すべてプラド美術館にあるものです。これらの特にエロティックな絵画は秘密とされ、王が王の間でだけ鑑賞を楽しめました。そして、彼の息子であるフェリペ２世は帝国の勢力圏は広大に拡大しました。地図をお目にかけましょう。帝国の覇権は、南米、アメリカ大陸の南海岸、フェリペ２世に因んで名付けられたフィリピンにまで支配が及んでいました。１５８０年当時、ハプスブルク帝国は「太陽の沈まない国」と形容されていました。

さて、今回の会議のタイトルである「グローバルに考えよう（Think Globally）」

Danae, by Titian, 1553

Emperor Charles V, by Titian, 1547

Emperor Charles V, by Titian, 1530

は、ハプスブルク帝国全体に当てはまるでしょう。父親と同じように、ルーベンスによって描かれた公式な肖像画があり、彼自身の楽しみのために色情的な絵画もあり、個人の鑑賞室でだけ見ることができました。

こちらが前にご説明したハプスブルク家の領土で、アメリカ大陸からフィリピンまで広がっており、太陽が沈まない国と言われたのはもっともなことだと言えましょう。フェリペ2世の孫のフェリペ4世には2人の宮廷画家、あるいは彼のために絵を描く画家がいました。ルーベンスとベラスケスです。ご覧になって分かりますように、ハプスブルク家に受け継がれている遺伝形質や特徴があります。すなわち、例えば、垂れ耳です。ご存知かもしれませんが、最も有名な絵画の中に、フェリペ5世のために描かれた、プラド美術館所蔵のラス・メニーナス（女官たち）があります。

受け継がれた名作の数々

では、帝国東部、皇帝カール5世の弟フェルディナント1世に話を移しましょう。彼は帝国のこの部分をすべて統治しました。（訳者註　オーストリア、ドイツ、ボヘミア、ハンガリー）

彼は大規模な芸術収集をし、購入ではなく代々受け継いだ最も有名な作品の一つ

King Philip II of Spain, 1527-1598

King Philip II of Spain, by Rubens

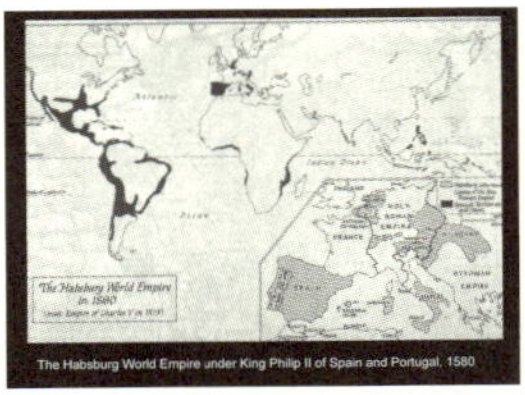

The Habsburg World Empire under King Philip II of Spain and Portugal, 1580

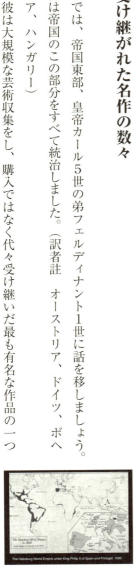

に、ここに描かれている「聖杯」があります。十字架の根本でイエス・キリストの血を集めるものとされていましたが、かなり後のものです。そして、有名なユニコーンがあります。16世紀頃語られていたユニコーンは、魔法の力がある角を持つと信じられていました。しかし、勿論、今日ではそれは鯨のイッカクの角とされています。

芸術収集家やパトロンの中で私のお気に入りは、ハプスブルク家で初めて一般人と結婚した、オーストリア大公フェルディナント2世です。この素晴らしく知的で大金持ちの女性は、アウクスブルクの銀行家の娘でした。彼は家族の法に背いて結婚したため、ウィーンに住むことは許されませんでした。そこで彼はインスブルックのちょうど外側に城を建てました。彼が所有した最も美しい作品には、この３つや、もっと有名なのは、ベンヴェヌート・チェッリーニのサリエラ（黄金の塩容れ）があります。

彼の甥のルドルフ2世は、作品を所有することにとても情熱的で、ハプスブルク家の収集家の中でも最も面白い人物です。支配下のプラハで何人もの芸術家を保護しました。大変情熱的であったため、特定の収集家に自分に作品を売ってもらうよう頼み、断られれば、無理にでも手に入れようとしました。ハプスブルク家の同じ気質がここでも見られます。公式な絵画でありますが、彼が個人的に楽しむエロティシズムです。ルドルフ2世のために与えられた絵画のほとんどは裸婦像でした。

Velazquez, Las Meninas, 1655, Museo del Prado

Self-portrait, Peter Paul Rubens, (1557-1640)

King Philip IV of Spain, by Rubens
King Philip IV of Spain, by Velasquez

ハプスブルク家の皇帝や王たちの命を受けた委員会によって製作された全部の作品は、こちらにあるプラド美術館とウィーンにある美術史美術館に保管されています。それら全てがハプスブルク家の所有です。１９１８年にハプスブルク家最後の皇帝が退位した際、社会主義者たちはハプスブルク家の所有は間違っているとして、ありとあらゆる作品を没収しました。しかし、全部の作品がスペインとオーストリアの貴重な財産であるだけでなく、ハプスブルク家の名前は主要な収入源でもありました。彼らはオーストリア皇后のエリザベートは大好きでしたが、政府が受け取る収入には関心を示しませんでした。

しかし、本題に戻りますと、これは16世紀におけるパトロンの意味するところを端的によく表しています。と同時に、公私共々のこれらの収集家の心理が少し分かるでしょう。

では、これからはご質問にお答えしていきましょう。私の持ち時間はあと少しでしょうか。講演が長すぎて時間が足りなくなると思い、話を短く、短くしたのですよ。

どうぞ質問は喜んでお受けします。お眠りになられていない方いらっしゃいますか？

ハプスブルク家は10世紀後半にスイスから発祥しました。スイス中心地方のハビヒツブルク（鷲の城）という城が始まりです。とても驚いたのですが、プラザホテ

The "Ainkhuern", Kunsthistorisches Museum, Vienna

The "Holy Grail", Byzantine, ca. 500 AD, Kunsthistorisches Museum, Vienna

Emperor Ferdinand I, circa 1560

ルで朝食をとっていた際に、そこにいらしたある紳士が自己紹介しに私のところに来て、ハビヒツブルクと完璧な発音でおっしゃられたのです。文化的レベルの高い方々であれば、私が何を言いたいかお分かりでしょう。

参加者　就実大学で経営学を専攻しています。色々とお話をお聞かせくださりありがとうございました。日本の美術はお好きでいらっしゃいますか？　例えば、浮世絵という伝統的作品や、伝統的彫刻です。どちらがお好きか教えていただけますか？

　ヨーロッパの芸術について聞いていただけませんか？　日本の芸術品には詳しくないのですが、日本の文化や茶道、素晴らしい絵画の全てや、和紙の巻物は大好きです。

参加者　日本では、「ベルサイユのばら」という物語でエリザベート皇妃が大変有名なのですが、ご存知でしたか？

　ご質問は、私の高祖母エリザベート皇妃について知っているかと、日本の漫画に登場していることを知っているか、でしょうか。ミュージカルに登場するのは知っていますが、漫画は知りませんでした。彼女は大変魅力的でしたが気難しがり屋で

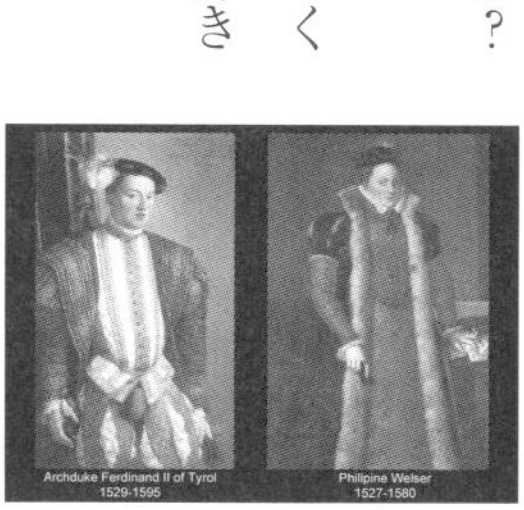

もありました。

参加者　彼女は精神的に複雑でした。精神的に問題があったのだと思いますが、大変魅力的なお人柄でした。

彼女は当時最も美しい女性と言われていましたが、膝まで伸びた髪をとかすには2時間もかかり、髪を洗うのに丸1日かかったそうです。生卵とオレンジジュース、ブイヨンしかとらなかったので、ウエストはとても細かった。現代女性のモデルとも言えます。だから今でもとても人気があるのでしょう。

参加者　彼女はオーストリア人に大変愛されており、とても人気があると聞きました。

はい、大人気です。ただ、悲しいことに、我々には何もいいことがありませんが。

参加者　ありがとうございます。そのユーモアがいいですね。

参加者　どうもありがとうございました。発表の中で、15世紀か16世紀には、ほと

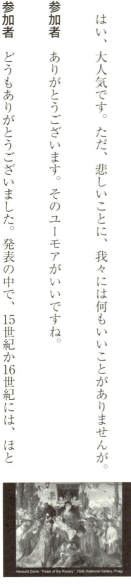

んどの美術品は宗教と関係があり、ひと握りの富裕層だけのものとありました。ヨーロッパの芸術はあなたの祖先や家族に大変影響を受けたと思います。１００年から２００年後には美術品は庶民の間でももっと人気が出ました。18、19、20世紀に庶民の間にハプスブルク家の影響はあったのでしょうか？

庶民は、ハプスブルク家から間接的に恩恵を授かっていました。ハプスブルク家は勿論のこと、フランス王ルイ・フィリップはヴェルサイユ宮殿を建てました。当時一般人に利益はありませんでした。しかし、今日ではフランスは観光業に頼っていて、人々はヴェルサイユ宮殿を見に来ます。このように、直接の利益ではなく、後に現れる利益です。今では、シェーンブルン宮殿やホーフブルク宮殿を見に人々がウィーンを訪れ、国に多大な富をもたらしていますが、これもハプスブルク家のお陰です。

参加者　ハプスブルク家はどのように芸術家を選んだのですか。

一番高価で、一番有名で、本当に王らしく見えるような最高の肖像画を描ける人たちを選びました。

ドイツにいる女性から、ハプスブルク家の現代における役割はなにか、という質

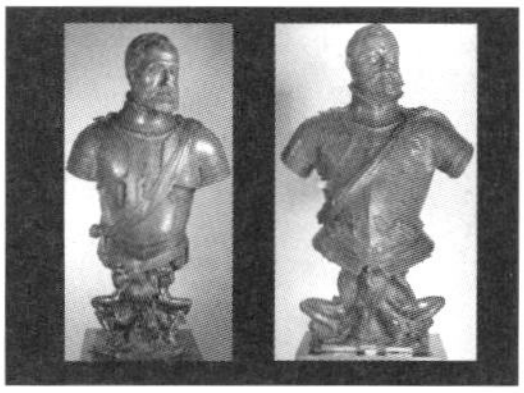

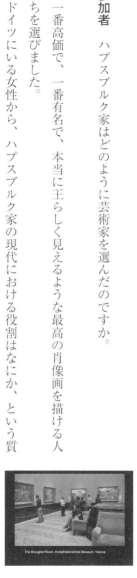

問を受けました。我々は皆、ハプスブルク家の伝統を維持し、カール5世の目指した、欧州統合を推進する汎ヨーロッパ主義を推進しようとしています。

参加者　ハプスブルク家は長い歴史があります。その妥当性や重要性は理解しています。キーワードの一つは環境ですが、ひとつの側面に文化があると思います。500年後にどうなっていると思いますか?

参加者　偉大なハプスブルク家の没落に影響を及ぼした最も重要な要因は何でしょうか?

　どの視点で見るかによります。高祖父フランツ・ヨーゼフ1世の時代までは、絶対君主制がとられており、彼の支配の終焉近くになって議会制が現れました。もし彼がそんなに長い間統治していなければ、状況は変わっていたかもしれません。大変頭の柔らかいルドルフ・オーストリア皇太子が統治していたかもしれないからです。ちょうど約100年前に、サラエボでフランツ・フェルディナント大公が暗殺されていなかったら、彼もまたかなり幅広い連邦国をつくり、帝国の他の国々に特権を与えていたことでしょう。そうしていれば、セルビア人が気の毒な大公と妻を殺すこともなかったかもしれません。

Archduke Leopold Wilhelm, 1614-1662

Atelier, by David Teniers

The Gypsy Madonna, by Titian, circa 1510

問題はいつも、もし、ということで、もし皇帝が何々していなかったら、もしルドルフが何々していなかったら、もしフランツ・フェルディナント大公がそうしていなかったら、状況は、ヨーロッパ全体は違っていたでしょう。さらに、第一次世界大戦が勃発していなければ、トリアノン条約はなく、オーストリア帝国が完全に分割されることはなく、バルカン半島での戦争もなく、セルビア人の問題もなく、と全てが違っていたでしょう。しかし、私は美術史家であって、政治家ではありません。

司会　質問は尽きないと思いますが、そろそろお時間がきてしまいました。ハプスブルク大公、どうもありがとうございました。また後ほど座談会にご登壇いただきます。

美術館は地域と共に生きて働く

公益財団法人　大原美術館理事長

大原　謙一郎

〈略歴〉

1940 年　　神戸市に生まれる
1963 年　　東京大学経済学部卒業
1964 年　　エール大学大学院経済学部修士課程修了
1968 年　　同大学院同学部博士課程修了
1968 年　　倉敷レイヨン（現　㈱クラレ）に入社
1982 年　　副社長として財務、総務、労務、経営管理、研究開発、などを担当
1990 年　　株式会社中国銀行に移り、1998 年まで同行副頭取
1991 年　　大原美術館理事長

現在、美術館理事長として法人の経営にあたるかたわら、倉敷芸術科学大学客員教授として非営利事業経営論を講義

他に、公益財団法人大原記念倉敷中央医療機構理事長、公益社団法人岡山県文化連盟特別顧問等兼ねる

〈受賞〉

三木記念賞、日本放送協会放送文化賞、サントリー地域文化賞

〈著書〉

「倉敷からはこう見える－世界と文化と地方について－」（2002 年　山陽新聞社発行）
芸術都市の創造―京都とフィレンツェの対話　94 頁 ~100 頁　（PHP エディターズグループ　2006）

今日は本当に、こんなにたくさんお集まりいただきまして、就実さんの110周年、誠におめでとうございます。先ほど伺っていますと、今から112年前に早稲田大学がおできになったと。福武さんご出身のところですね。その2年後の110年前に就実ができたよと。1929年というと、今から80何年か前ですが、ニューヨークにMOMAという美術館ができました。Museum of Modern Arts、つまりニューヨークの近代美術館。いわば世界の近代美術のフラッグシップと言っていいですね。さて、1929年にそれができて、その1年後の1930年に何が起こったか。何と、大原美術館ができました。（拍手あり）

ありがとうございます。昭和5年にできました。

こんなところに絵が映っているんですね。嫌ですね。この隅っこで言っているというので、ここに何か画像がバッと出るかということをご期待かもしれませんが、実は今日は画像は出ません。持ってこなくてよかったなと思ったのは、今のハプスブルクさんのを見て度肝を抜かれました。だけど考えてみたら、何とスペインのマドリードのプラド美術館というのは、ハプスブルクですからね。そこの画像がバッと出てきた後で大原美術館の画像を出しても、何だこれはということになってもいけませんので。ということよりも、今日は大学の関係のお話ですから、大学の関係の方には、私としては画像より言葉で思いを伝えたいと思って、画像は作らずにきました。その代わりに、お手元にレジュメをお配りしています。

地域の「ために」ではなく「共に」働く

「美術館は地域と共に生きて働く」というレジュメを作ったら、これをパラッと見た蓑先生にニヤッと笑われまして、「お前は何を言う気だ」と。後でまた、蓑先生からは厳しい矢が飛んでくるかもしれませんけれども、このレジュメの通りです。「美術館は地域と共に生きて働く」、大原美術館もそのつもりで頑張っています。そして今も、そういうふうなつもりで生きて働いているというのはいくつもあります。例えば、町がやっている「屏風祭」とか、そういうイベントに対してです。

倉敷の町では、そういうふうなことは大体町衆がやっています。町の市民たちが得手勝手に、「これをやりたいね」「面白いね」「誰か一緒にやる人いる？」と言って、何人か集まってきたら、「よしやろう」ということでこれが出来上がる。集まってこなかったら、「残念でした。やめましょう」ということでやらない。そういうふうなかたちで、いろいろなことが組み立てられていくのですけれども、そういう町衆たちがやることに対して、行政は非常によく協力をします。私が申し上げているのは、大原美術館もそうですが、いわばパブリックマインドを持った町衆と、ＮＰＯマインドを持った行政。もちろん行政ですから、ＮＰＯマインドだけではやっていけません。税金も集めないといけないし、警察もやらないといけないし、消防もやらないといけない。権力ではあるんだけれども、権力であると同時に、NPO的なマインドを持っている行政。それからもう一つ、プロフェッショナル。例えば「屏風祭」をやるときには、大原美術館の学芸員や館長さんもそうですけれども、いろいろと参画をしてきます。そういうふうなかたちで、プロフェッショナルズ、つまり大原美術館も、NPOマインドを持った行政や、あるいは自分自身もそうなのだけれども、パブリックマインドを持った町衆として、そういったものを一緒に作り上げていくことをやっていっている。そういう意味では、美術館は地域と共に働くんです。

ここで、「地域と共に働く」と書きました。「地域のために働く」と書こうかなと思ったのだけれども、それはちょっと違うなと。大原美術館は、例えば自分自身を観光資源であるかどうか、観光資源として自分自身を磨くということは考えていません。集客装置として自分自身を磨くということも考えていません。というか、入館者数は、私たちにとっては2番目に大事なことだと思っています。一番大事なのは、大原美術館の価値とミッション。バリュー&ミッションかな。価値と使命。これが一番大事なことだねと。それを磨いて磨いて磨き抜くということが、多分大原美術館の地域に対する貢献なんだろうなと。だから、「地域のため」ではなくて、「地域と共に」生きて働くと書いたのは、そういうことです。

本当は私も、今は何をやっているかということをここでガンガンしゃべりたいんですけれども、そのことについては、福武さんのところとか蓑さんのところで、お二人とも私の昔からの仲間と言いましょうか親しい友人ですが、素晴らしいお仕事をやっておいでです。もちろん、大原美術館も素晴らしい仕事をやっているんですよ。

大原美術館は今、21世紀に入ってから、コンテンポラリーと言われている、今生きて働いているアーティストたちといろんなことをやってきました。これをやってきた仲間が、今や約50人になっています。この50人をよりすぐった展覧会というのを、去年、「Ohara Contemporary」という形で倉敷でやりました。これを見た武蔵野美術大学の人がびっくり仰天して、これをぜひやらせてくれということで、実は今、武蔵野美術大学で、「オオハラ・コンテンポラリー・アット・ムサビ」というのをやっています。

いろいろ頑張ってやっているんで、詳しいことを申し上げたいんですが、それよりも私の役目としては、地域と共に生きて働く美術館が、今まで倉敷で80何年にわたって頑張ってきた。大原美術館がＭＯＭＡから1年後というのが残念ですね。1年前だったら……。あっ、それはまずいんです。大原美術館というのは、児島虎次郎という絵描きが亡くなって、次の年に、その人のために作った美術館ですから、2年前にできていたらよかったということは、児島が2年前に死んでいたらよかったということですから、これは非常にまずいので、１９３０年以前には絶対にできちゃいけなかった美術館なんですけれども、それでも80何年間か頑張ってやってきた。これがどういうふうに地域と共に生きてきたのか、それが今の岡山県にとってどういう意味があるんだろうか、そういうことをレジュメに沿ってお話をしていくこととします。

世界への窓が倉敷から開かれた

一番最初、大原美術館創立のころ。今から80数年前、昭和5年。新しい美術館は、国際舞台に登場しようとする若者たちの渇望に応えた。そうなんです。そのころの昭和5年というところを思い出していただければ、日本は国際社会の一人前の市民、あるいは構成員、プレーヤーとして認められていたのか。多分、日清、日露の戦争があって、戦争で認められたらまずいんだけれども、そういう日本という国があるらしいということは世界に認識されていて、日英同盟があるようにイギリスなどからは非常によく見られていた。その中で、これは特筆すべきでぜひ考えておいていただきたいと思うんですけれども、日本は富国強兵というように、「強い国、豊かな国、富める国でありたい」とは思っていたけれども、それと同時に、これはとても大事で、「国際社会の中でよき市民である国でありたい」という願いを非常に強く持っていました。

ここには今日、大学の皆さん、高校生の皆さんもおいでですから、これはしっかり覚えておいてください。日本は明治以降、昭和の初めにいたるまで、強い国でありたい、豊かな国でありたいと同時に、国際社会のよき市民でありたいということを考えて、自分の国を運営してきました。たくさんは言えないんだけれども、例えば、司馬遼太郎さんの『坂の上の雲』というのを高校生なら読めると思います。大学生なら十分読めますね。読んでみてください。そしてこれは、日本という国が、世界の場に、国際社会に、よき市民として登場しようとしていた物語だという意識を持って読んでいただいたら、「ああ、なるほど。そういうことか」と分かっていただけるんじゃないかと思います。

ということで、よき市民として登場しようとしていた日本の若者たちは、それであるからこそ、世界のことを知りたい、まじめに知りたいと考えていた。世界と接したいと考えていた。その接したいと考えていた若者たちに、窓を開けてあげましょうということを考えたのが、大原孫三郎と児島虎次郎だったというふうに考えていただきたいと思います。だから、昭和５年に倉敷にできた大原美術館は、当時世界と触れ合うことを渇望していた若者たちのために、小さいかもしれないけれど、世界に対して開かれた窓だったと考えていただければと思います。だからそういう意味で、地元の倉敷というところにある大原美術館は、倉敷から世界に開かれた窓だった。

岡山県の実力〜全市町村が文化を発信

もう一つ申し上げますが、倉敷からなんだけれども、これは日本が世界に開いた窓ですよね。地域社会ということを言えば、「地域が」ということを書いていますけれども、そのときの地域というのは、世界という舞台の中での日本という地域と考えていただいたらいいと思います。世界という舞台の中の日本という地域から、世界といってもヨーロッパなんだけれども、そこに対して開かれた窓だった。これもすごく大事なことで、特に高校生の皆さん、大学生の皆さんに覚えておいていただきたいんですけれども、その昭和5年ころは、日本という地域を背負って世界に開かれている窓が、東京ではなくて倉敷にあるということを、誰も不思議に思わなかったんですね。

だから、私が岡山で多くの方々といろいろ接していて、例えばこの前亡くなられた長野知事さんといつも話し合いをしていたのは、福武さんもそうなんだけれども、「地方の岡山だからこの程度でいいよねということは、絶対考えないようにしようね」と。そうですよね。「地方の岡山だからこの程度でいい」なんて、ばかなことを言うんじゃないよと。日本の岡山だから、こんなレベルで満足しちゃいけないよということを、私たちはいつも考えている。大原美術館はいつもそういうように考えています。日本を代表するものは全部東京になければいけないなんてことになったのは、戦後の話です。一番最初に日本の帝室博物館ができたのはどこかというと、東京と奈良と京都ですからね。そして、一番最初に国立博物館ができたのはどこかというと、九州の太宰府ですから。そういうものがこの国の在り方でなければいけない。そうでしょう。だから、倉敷から、日本という地域を代表する窓が世界に開かれたということが何の不思議もない時代が、今から70年前にあった。

今から3年前、平成22年の「あっぱれ！岡山国文祭」を通して、そういうことが見えてきた。国民文化祭がどういうものかというと、世界中から、文化のプレーヤーたち、担い手たちが岡山に集まってきます。そして、例えば書道のフェスティバル、絵画のフェスティバル、俳句、現代詩、あるいはオペラ、ミュージカル、いろんなフェスティバルを、文化の担い手たちが岡山に集まってきてやってくれる。それが国民文化祭です。岡山の場合には、全市町村で何らかのイベントをやりました。全市町村ですよ。そして、これを伝えたいんだけど、特筆すべきことは、この全市町村、あらゆるところで、「なるほど、ここでこのフェスティバルをやるのは、むべなるかな」ということを、全国からお集まりになった文化の担い手たちは、みんな感じて帰ったのです。

倉敷で洋画のフェスティバルをする。ああ、大原美術館があるからだねと。ごめんなさい。まず宣伝してしまいましたけれど。将棋のフェスティバルは倉敷です。

そうですよね。大山名人ですから。

囲碁はどこなのといったら、矢掛町でした。何で矢掛町なのか？　これには若干解説がいるんだけれども、矢掛と真備町というのが隣同士ですから一緒になってやりました。あのあたりは吉備真備のふるさとです。吉備真備というのは唐に行って、学識では唐の学者たちと一歩も引けをとらなかった。「こいつは生意気な日本人だ。こいつを碁でやっつけてやろう」と言って、唐の人が碁でチャレンジしたけれども、これも吉備真備が勝っちゃったということがありまして、いわば日本の碁の神様のような方です。この吉備真備のふるさとである真備町、矢掛町。真備町は今、倉敷市に入っていただきましてありがとうございます。本当に私は個人的にもうれしいと思いますが、そういう吉備真備のふるさと。ああ、囲碁のフェスティバル、むべなるかなでしょう。

美作に行きますと、奈義町で地歌舞伎のフェスティバルをやりました。ああ、そうだよねと。横仙歌舞伎ですから。そして、奈義町にお見えになったら、こういうことを皆さん知っておいていただきたいんですけれど、小学校で子どもたちは歌舞伎のセリフを習います。だから、小学校からパクパク言いながら歌舞伎のセリフを言います。奈義町の子どもたちは、歌舞伎のセリフを空で言えます。そういう土地柄が岡山県にあるのです。だから、ああ、そこで地歌舞伎のフェスティバルだねと。

現代詩のフェスティバルをご存じですか。今は市になりましたけれど、旧熊山町です。なぜか。永瀬清子という名前は、まだ若い人たちも覚えるだけ覚えてくださ い。永瀬清子というのは、日本の現代詩のパイオニアです。その人が熊山町の人でしたから、「ああ、なるほど、むべなるかな」と思っただけではなくて、谷川俊太郎先生といった先生方がそこに参加されて、バスを連ねて永瀬清子先生のお墓参りをしてくれました。そういうところが熊山町にあるなんて、ご存じだったですか。あまりご存じない方が多いと思うのですけれども。

ことほどさように、岡山県はあらゆるところで何かのイベントをやっていく。それが日本中から来た方々に、「なるほど、ここでやるのはむべなるかな」と思わせるだけの実力を持っているんです。ですから、今日のテーマは「文化の発信基地」、私のテーマは「地域と共に働く美術館」なんだけれども、実はいろんな文化の発信機能、岡山における文化の創造の機能、クリエーションの機能は、市町村とか、あるいはお役所とか、あるいはお偉い美術館のお偉い先生とか、そういう人たちから与えられるものじゃないよ。そういったものを自分たちで作り出すための材料というか、種が、あらゆる岡山の市町村の中には埋められているよ。このことにぜひ気が付いてください。これは、今就実で、岡山出身で勉強しておられる方も、あるいは岡山以外から岡山にお見えになって、就実で勉強して、また東京なりあるいはそれぞれのふるさとに帰っていかれる方も、気が付いておいていただきたいと思います。岡山とはそういうところです。

子どもの心に種を植えつける

それからもう一つ申し上げます。これは岡山だけじゃない。日本全体がそうです。これは詳しいことは言いませんけれども、日本にはあらゆるところに、そういうものをどんどんと作り上げて世界に出していくための種が埋まっている。兵庫県ではどうかということを後で蓑先生が、そして瀬戸内はどうだということを後で多分福武さんが、いろいろおっしゃっていただけると思います。本当にそうなんです。ですから、「地域と共に働く美術館」というのは、美術館がわざわざ働かなくても、いろんなものを作り出すだけの力を地域は持っていることの裏返しだということを、倉敷で証明しているのです。

倉敷ってすごいですよ。岡山も津山も高梁も成羽も全部すごいんだけれど、倉敷もすごいです。いつも言っていますのは、倉敷は、日本の中にたくさんあるとても大事で美しい町の一つでありたいということです。野中の一本杉でありたいなんてことは、全然思っていません。たくさんある美しく価値ある町の中の一つでありたい。そういった価値があることの中身の一つは、子どもたちの心の中に埋め込まれているいろんなものなんだろうなと。

ここにも教育関係者の方がたくさんおいででしょう。私は昔、岡山県の教育委員をしていましたのであえて申し上げますが、いい子どもを育てるのが教育の目的ではないですから。いい大人になるための材料を、子どもの心の中に植えつけてあげること、これが教育の目的だと思ってください。いい大人になるためのいろんな種を、子どもたちの心の中に植えつけてあげること。だから、今いい子でないからといって、今反抗的だからといって、この子はダメな子じゃないんです。今学校に行かないからといって、ダメな子じゃない。だけどどこかで、いい大人になるための材料を心の中に植えつけてあげたい。大原美術館は、毎年４０００人の未就学児童を受け入れています。この子たちが、どういうふうな大人に育っていくか。20年前から始めていますから、20年前に小学校に入る直前の６歳だった子は、今26歳になっていますから、これからすごく楽しみなところです。

そして、そういうふうな子どもたちと一緒に育っていくというのも、美術館の一つの機能だということと同時に、そうやって文化の発信基地として、私たちはいろんなことを地元の子どもたちの心の中に対しても発信しています。これは何なんだ、好奇心、びっくり、あるいは悲しみ、うわっ大変だ――いろんな心が美術の中には込められていますから、これを世界に発信すると同時に、地元の子どもたちの心の中に発信しています。地元の子どもたちだけではなくて、地元の大人たちの心の中にも発信しています。これが、「地元と共に生きる美術館」というものだろうと思います。いろんな子どもたちの、あるいは大人たちの心の中から、クリエーションの力を引っ張り出してくる、これは一つの文化の力です。

戦後のアイデンティティーを支えた「大原ルネッサンス」

そして、もう一つのことを少し申し上げようと思うのが、昭和20~30年の大原ルネッサンスというのは何だったのか。昭和23年ごろ、戦後、第二次大戦から立ち直ろうとしているときに、大原美術館は「大原ルネッサンス」という動きを始めます。これは、日本の近代の美術、安井曾太郎とか、あるいは梅原龍三郎とか、あるいは小出楢重とか関根正二とか、そういった人たちのものを集め始める。それと同時に、ジャクソン・ポロックとか、アンディ・ウォーホルとか、そういうふうなアメリカ、世界の現代美術に対して手を出していく。それと同時に、民芸の先生方の仕事に手を出していく。これは、生活の中に美はあるよと。日本ではそうですからね。美はどこかの博物館の壁にかかっているものではなく、生活の中にあるものです。これが日本の美術の最高の在り方ですからということを申し上げたら、今、茶道の大家がそこでうんうんとおっしゃってくださっていますが、本当にそうなんです。

そういうところに私たちは出て行ったということは、第二次大戦がすべてを破壊して、岡山も焼き尽くされた中で、がれきの中から立ち上がろうとしている日本は、日本の国のアイデンティティーを、やはりもう一度確立しなおさなくちゃいけないのじゃないでしょうかと。しかもこのアイデンティティーを確立するのは、世界の舞台でやらなくちゃいけない。だから、世界の美術界で何が起こっているのか。ああ、ポロックだね。あるいは、ジャスパー・ジョーンズだね。あるいは、マーク・ロスコだね。そして同時に、日本の絵描きたちはそれにどう反応しようとしているのか。安井曾太郎は、悪戦苦闘しておられました。というふうなことを、私たちはしっかりとプレゼンテーションをしていきたい。これが大原ルネッサンスの一つの眼目でありました。そういうかたちで、廃虚の中から立ち上がろうとしている日本の一つの力になりたいということを、大原美術館は思いました。

そういう、廃虚の中から立ち上がる日本の国の立ち位置を決めるのは文化だということを、大原総一郎は考えていたに違いない。同時に同じようなことを考えておられた方が、吉田茂首相がそうなのかもしれないけれど、そのまわりに何人かおられました。その中の一人が、矢代幸雄先生という美術史家だったのです。何をされたか。「欧米巡回日本古美術展」というのをやりました。廃虚の中で、本当に生活が苦しくて、ほとんど食うや食わずで、私たちも本当に恥ずかしいことですが、進駐軍のジープから投げ与えられているチョコレートをむさぼり食っていた時代です。そういう時代に、日本のリーダーたちは何を考えたか。日本の立ち位置を作り直すためには、世界に日本の美術を見てもらうこと、日本の文化の在り方を見てもらうことだということに気が付きました。だから、日本中の国宝、重文をずらっと網羅した、今ではとてもじゃないけれど、文部科学省あるいは文化庁に許してもらえないような展覧会を企画して、ヨーロッパとアメリカを回らせました。これを見たアメリカ、ヨーロッパの人たちは、日本というのは極東の隅っこで無謀な戦を起こして、自ら滅びていった、言い方は悪いけれど、黄色い顔をした猿みたいなジャップだと、彼らは思っていたんです。だけど、そうじゃないだろうと。こういうものをクリエイトして、しかもこういうものを千何百年にわたってずっと心の中に持ち続けてきた民族なんだということを、世界が感じてくれた。これが、戦後日本の立ち位置を決める上で、とても大きかったんだろうと思います。

そのときにシカゴの展覧会がありまして、そのシカゴの展覧会に、当時の皇太子殿下がお見えになりました。これも大事なんですよ。当時の皇太子殿下が、シカゴのその展覧会を見た。日本のトップリーダーですから。今の天皇陛下ですね。そういうふうなかたちで、日本は国を挙げて世界に対して、文化をよりどころにして国の立ち位置をもう一度作り直すということを考えた。大原美術館も倉敷でささやかながら、それを一生懸命考えた。ついでに申し上げますと、そのシカゴの展覧会のシカゴでなさったお仕事というのが、私が蓑さんのことを知った最初でした。蓑さんは、シカゴで東大寺の展覧会をされました。そのことはまた後で、蓑さんがおっしゃるかもしれませんけれど。

多文化理解の装置として

もう一回申し上げます。大原美術館は、世界と接しようとした青年たちの心に一つの窓を開けた。そしてそういうふうなことの中から、子どもたちの心の中にいろんなことを植えつけることによって、この人たちの中に眠っているクリエーションの力とか、この人たちの中に眠っているいろんな力を、引っ張り出そうということを一生懸命頑張ってきた。今も頑張っている。こういうのが、地域と共に生きていく大原美術館の、文化の力を発揮するお手伝いだと思ってください。そういうふうに、一人一人の心の中に語りかけるということが、文化の力を発揮する一つのお手伝いだった。

後で申し上げたことをもう一回申し上げます。それと同時に、文化は一人一人の心の中に働きかけるだけではなくて、世界に対して、自分たちの立ち位置をしっかりと示すためにも働いている。そのためにも大原美術館は一生懸命働いてきました。今も一生懸命働いていています。それと同時に、これが世界とお互いに理解し合うためのとても大きな装置として働くんですね。これは、瀬戸内芸術祭がまさにそうですね。世界と分かり合うための装置。大原美術館も、大原美術館は多文化理解の装置だというふうに、自分を位置付けています。そういうふうなかたちで、地域と共に働くというのは、地域の中にあって、そうやって一生懸命自分を磨き上げる、自分のミッションを果たすように一生懸命頑張る。そういう美術館であり続けるから、私たちは何かのかたちで地域と共に働きながら自分を磨くことによって、地域の価値をささやかながら高めることもできるかなと、そういうふうに頑張っているということをご理解いただければと思います。

最後に一つだけ申し上げますと、そういうふうに頑張っている日本のアートは、今かなりピンチです。いろんな意味で、特に学校教育の上でピンチです。ですから、もっともっと多くの方がアートに親しんで、自分の中に眠っているものを、もっともっとアートの中から引っ張り出して、そしてそのことを旗印に掲げて、世界と胸を張って対話をしていく、そういうふうなことが出来上がるように大原美術館も頑張っていますけれども、日本のいろんなところで一生懸命頑張っていただければ非常にうれしいと思います。

現代美術による過疎地の再生
―直島メソッドとは

公益財団法人　福武財団理事長

福武　總一郎

〈略歴〉

1986 年　株式会社福武書店代表取締役社長
1992 年　直島にベネッセハウスを開館
1995 年　社名を株式会社ベネッセコーポレーションに改称
1997 年　直島で家プロジェクト開始
2003 年　代表取締役会長
2004 年　地中美術館を開館
2010 年　直島に李禹煥美術館、豊島に豊島美術館を開館
2010 年　「瀬戸内国際芸術祭 2010」総合プロデューサー
2013 年　「瀬戸内国際芸術祭 2013」総合プロデューサー

〈受賞〉

「財界」経営者賞、毎日経済人賞、日経ベンチャーオブザイヤー大賞、岩切章太郎賞、岡山県文化賞、直島名誉町民称号、香川県文化功労者、芸術選奨文部科学大臣賞、日本建築学会文化賞、第 2 回観光庁長官表彰、モンブラン国際文化賞、地域文化功労者文部科学大臣賞

〈著書〉

直島　瀬戸内アートの楽園（とんぼの本）（2011　新潮社）

皆さん、こんにちは、ご紹介いただきました福武です。

私の總一郎という名前は、実は大原謙一郎さんのお父上、大原總一郎さんからいただきました。私の祖父が、クラレで女工さんの教育をしていた教官だった縁で、名前をいただいたのです。そういうことで、昔から大変親しくさせていただいております。

皆さま方にお配りしている封筒の中に、公益法人福武財団という冊子があります。冊子の10ページ目から数ページにわたって、「瀬戸内海と私」、「私はなぜ直島に現代アートを持ち込んだのか」という小文を書いています。今日の話の骨子は、それを読んでいただければお分かりいただけると思いますので、参考にしてください。それでは話をしていきたいと思います。

近代化で痛めつけられた場所からメッセージを発信

まず、私は直島それから犬島、豊島という3つの島で、アート活動を始めました。瀬戸内海の島々は大変に美しくて、きれいな島であります。しかし昔は必ずしもそうではなかったのです。

1986年ごろの直島、それから1917年ごろの犬島は、銅の精錬所があり、当時は3000人近い人がおられました。高度成長のとき、精錬所のような亜硫酸ガスを出す施設は、都会から離そうということで、直島も犬島もこの時期に精錬所が造ら

1917年頃　犬島製錬所付近

1986年頃の直島南部の風景

瀬戸内の島々

作品展示を通して、地域の良さを再発見できる機会を提供する事業

れました。

先日の新聞によると、豊島には92万トンもの産業廃棄物の不法投棄があったということです。富士山より先に国立公園になったという日本の第1号の場所に、こういった近代化の負の遺産がどんどん捨てられるというか、置きやられたのです。

さらには、大島ではハンセン病の方が押し込められました。岡山では長島がそうです。

直島開発のきっかけですが、私の父が１９８６年、私が40歳のときに亡くなり、私は東京から岡山に帰って来ました。父は子どものためのキャンプ場を造りたいということで、当時の直島町長、三宅親連さんと話をしている最中に亡くなったので、私は岡山に帰って、父の遺志の国際キャンプ場をスタートさせたのが最初の仕事です。そういうことで私は頻繁に直島に行くようになって、考え方が１８０度変わりました。

開発のもう一つのきっかけは、国吉康雄です。岡山が生んだ世界的なアーティストです。皆さま方がご覧になっても分かるように、国吉の絵には非常にメッセージ性を感じます。私がメッセージ性を非常に感じたアートは、ほかにはピカソのゲルニカがあります。アートでメッセージを発信しているのです。

メッセージはその受け取り手によって、いろいろ変わります。逆に言えば、アートを美術館という場所ではなくて、先ほどのような近代化によって痛めつけられた場所に置くことによって、新しいメッセージを発信できるだろうと思いました。近代化の

国吉康雄

逆さのテーブルとマスク　1940

国吉康雄
1889-1953

ミスターエース　1952

直島　国際キャンプ場　監修：安藤忠雄氏

1989年開館

チャレンジ・ザ・サマー in 直島
1987年～1999年

1975年～1990年　豊島・産業廃棄物問題摘発前

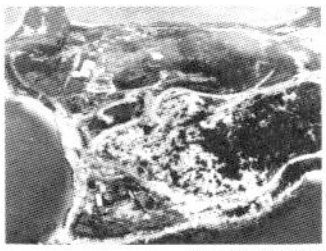

提供 廃棄物対策豊島住民会議

象徴は東京ですから、それは言ってみれば東京に対するレジスタンスなのです。

私は東京が大嫌いです。東京という町がこの国をつくって、東京という町が、いま日本を滅ぼそうとしています。それはもう本当に徹底しています。そういう意味で、このメッセージというものを、私は大事にしています。私は会社の社名を変えてしまうぐらい大きなインパクトを与えられて、結果的には介護事業や生活事業をするという事業の構造そのものも変え、そしてベルリッツを買収するようにもなりました。福武書店は岡山の小さな出版社でしたが、今世界で3番目の教育事業会社になったのも、この直島の活動があったからで、私は瀬戸内海に教えてもらいました。

日本の原風景の中で感じる真の豊かさ

最初は、そのようなレジスタンスを持ちながらでしたが、瀬戸内海の島々、島のおじいちゃん、おばあちゃんと接するうちに、本当の豊かさ、幸せとは何かというふうに考えるようになったのです。それが社名となったのが、「ベネッセ（よく生きる）」ということです。刺激や興奮や緊張、娯楽や情報、そして競争、ストレス……、東京に住んでいるというだけで、幸せな人ではないと思っています。正直、私は幸せそうな人に一人も会ったことがありません。それほど東京というのは、人を狂わせる町だというふうに思っています。

直島が「日本２５の行くべき所」として掲載

一個人の情熱をもとにして、民間企業・財団によって開発、地域づくりがされた場所として選ばれたのは唯一直島のみ

旅行ガイドブック
シェア世界NO. 1である「lonely planet」

【日本のトップ25】

1京都　2温泉　3日本食　4桜　5旅館滞在　6日本の城　7高野山
8嵐山竹林　9京都芸者踊り　10小笠原諸島　11広島
12日本の踊り　13北海道の自然　14スキー　15歌舞伎
16日本アルプスハイキング　17東京ショッピング
18東京のモダン建築　19富士山　20直島　21熊野古道
22相撲　23奈良の大仏　24上高地　25妻籠馬篭

2000年 米旅行誌『Conde Nast Traveler』で
直島が「次に見るべき世界の7ヶ所」として掲載

Benesseを考え、体験する場所
Benesse が実現している場所

自然（＝瀬戸内海）
＋
建築・アート（＝現代美術）
＋
歴史・暮らし（＝島）
＋
人（＝生活者、来訪者）

Benesse®

Benesse，それは、「志」をもって、夢や理想の実現に向けて
一歩一歩近づいていく、そのプロセスをも楽しむ生き方のこと。
私たちは、一人ひとりの「よく生きる」を実現するために、
人々の向上意欲と課題解決を生涯にわたって支援します。
そして、お客さまや社会・地域から支持され、
なくてはならない企業グループを目指します。

ベネッセ（よく生きる）を考え、何が幸せで、何が豊かかを、この自然とか建築アート、そして古い歴史と言いましょうか、日本の原風景が残っているところで考え、何か感じてもらいたいと思いました。

少し自慢にはなりますが、日本でその本当のよさを見逃されていた直島が、２０００年に『Conde Nast Traveler』という米旅行雑誌では、パリやベルリンと並んで挙げられ、また世界で最も売れているガイドブックの『Lonely Planet』では、日本のトップ25の見るべきところとして、去年は20番目になりました。

ベネッセハウスのホテルも、昨年は「世界の１００のホテル」の中に選ばれました。これも自然に囲まれているというだけではなくて、自然とアートに囲まれて過ごすというのは、まさに稀有《けう》な体験だということだろうと思います。

フランスの雑誌「artpress」では、このような現代美術を使った地域開発は、「直島メソッド」という形で紹介され、また今年出た、これはイギリスのＷＥＢマガジン「The Culture Trip」では、地中美術館は、「The World's Best Museum（世界で最も良い美術館）」というふうに紹介されました。このような評価もいただきながら、建築家の安藤忠雄さんとは、26年もの長い間一緒にやってきました。

なぜ安藤さんかという質問をよく受けます。先ほどもお話ししたように、東京に対するレジスタンスということで、建築の設計をお願いするときには、東京に住んでいる建築家は最初からはずしました。もうそれだけで嫌だったのです。東京の狂ったカ

建築家 安藤忠雄氏

ルチャーが染み付いているので、どんなに有名な方でも、最初からはずしました。それから安藤さんは、地方都市の親分とも言える大阪の出身です。それから決して高学歴ではなく、独学で建築を学び、なおかつボクサーをしていたこともありました。要するに現体制とファイティングするということで、条件が本当にそろったのです。そういう安藤さんとの縁があって、このような活動ができるまでになりました。こういう方とおつきあいができなければ、このようなプロジェクトもできなかったと思います。

そして1992年には、ベネッセハウスができました。ベネッセハウスのパークは木造です。お金があまりなかったので、坪単価70万円でホテルを造ってくれと頼みました。普通は、200万円以上はするのですが、考えてくれました。もちろん70万円ではできなかったのですが、客室は安藤さんとしては初めて工場生産をしました。要するに事前に全部作って、現地で組み立てるという工法をしていただいたのです。一流の建築家には、無理難題を言ってもいいんです。決して高いことはありません。結局、一般的な建築家に依頼するのと変わらない建築費でできました。

地中美術館も本当に思い出のあるプロジェクトです。クロード・モネの作品が手に入って、それを使って「21世紀の聖地をつくりたい。システィーナ礼拝堂をしのぐ聖地をつくりたい」ということをアーティストにお願いしたのです。でも、そのくらい大きなことを言わないと、ウォルター・デ・マリアとか、ジェームズ・タレルのよう

直島　ベネッセハウス ビーチ　建築：安藤忠雄

2006年5月20日開館

直島　ベネッセハウス パーク　建築：安藤忠雄

2006年5月20日開館

直島　ベネッセハウス オーバル　建築：安藤忠雄

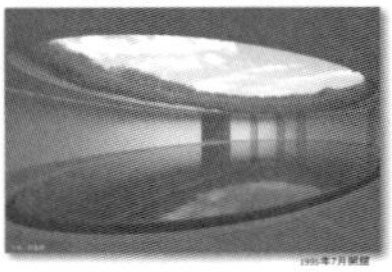

1995年7月開館

直島　ベネッセハウス ミュージアム　建築：安藤忠雄

1992年7月11日開館

な著名な人は、絶対面白がらないのです。

私には自信がありました。システィーナ礼拝堂をしのぐということです。以前オランダのルディー・フックスという館長が来られて、直島の美術館のことを評価いただいたときに、そのようなことを言われたからです。館長は、その理由として、システィーナ礼拝堂は素晴らしい教会ですが、あそこにはイスラム教徒は行かないでしょうと言われたのです。ああ、そうだと思いました。イスラム教徒もキリスト教徒も仏教徒も、すべての人が来る聖地を造りたいというのが、この地中美術館の思いでした。その思いは、この素晴らしい瀬戸内海をバックに遂げることができたのではないかと思います。

そして２０１０年には、李禹煥さんの美術館もできました。

現代美術で島が活気づく「直島メソッド」

直島のプロジェクトで、もう一つ面白いのは、「家プロジェクト」と言われるものです。島の人々が住んでいる町で、島の人々と一緒に美術活動、あるいはアート活動をやっていくということです。大竹伸朗の銭湯は美術作品を裸で、体にある全ての毛穴から感じてもらいたいというコンセプトで、世界で初めて裸で現代美術を感じる美術館なのです。このオペレーションは、島の人にやっていただいております。この写真

ANDO MUSEUM　建築：安藤忠雄

直島銭湯「I ♥湯」　アート：大竹伸朗氏

直島　李禹煥美術館　建築：安藤忠雄

直島　地中美術館　建築：安藤忠雄

は、安藤さんに造っていただいたANDO MUSEUMで、この中には、安藤さんに寄付していただいた安藤さんの代表作の模型があります。これも１００年以上の古い民家を改修してできました。

ほかには、廃虚になっていた犬島の精錬所を買い求めました。犬島の精錬所は、１９０９年から１９１９年までのわずか10年間だけ動いていたものです。私はたまたま三島由紀夫の家を持っていたので、それを使って、一切の電気エネルギーを使わないで空調をつくるという三分一博志さんという建築家と、アーティストの柳幸典さんに美術館を造ってもらいました。

こちらは２０１０年にできた豊島美術館で、内藤礼さんの作品で、水だけのアートです。そしてこちらの豊島横尾館は、豊島にできた生と死の、死の館ということなのですが、「よく生きるということは、よく死ぬこと」ということで、いい死に方をするというのは、いい生き方をしないとできないだろうというので、こういうものをつくりました。また、阿部良さんは、豊島の家を「島キッチン」というレストランにしました。

そして直島には皆さんご存じの、草間彌生さんの「南瓜」があります。このカボチャがここにある姿とない姿では、全く違います。だから一つ置くだけで景観を全部変えてしまうという現代美術には、私は力があると思うのです。

こちらの直島の玄関港にあるのは、同じく草間さんの「赤かぼちゃ」です。

犬島精錬所美術館　アート：柳幸典　建築：三分一博志

豊島　豊島美術館　建築：西沢立衛　アート：内藤礼

豊島横尾館　コンセプト・アートワーク：横尾忠則　建築：永山祐子

豊島　阿部良　島キッチン

ブルース・ナウマンの「100 Live and Die（１００生きて死ね）」という作品は、直島の代表作の一つです。生と死の間にネオンが点滅し、一斉にネオンが開くのです。皆さん方誰もが、人生の絶頂期があり、そうでないこともあるでしょう。言ってみれば、そこはある種の「人生塞翁《さいおう》が馬」みたいなものでしょうか。そういったことを表現し、なおかつ、現代社会は後ろではコンピューターによってコントロールされているのだという作品です。

「ザ・ワールド・フラッグ・アント・ファーム」は、アリが造った世界ということで、世界、国境というものは何だろうということを考えさせられる作品だと思います。そしてこちらが先ほどお話しした地中美術館で、モネの作品を中心に、両サイドにウォルター・デ・マリアとジェームズ・タレルの作品を置いています。これは、言ってみれば教会では真ん中にあるキリスト像と十字架が、ここではモネで、ピーター、パウロを、ジェームズ・タレルとウォルター・デ・マリアにしたいという構想で造りました。地中ですから、要するに内面的なものということです。

そしてこれは「護王神社」というプロジェクトで、島の人たちからぼろぼろになっていた神社の再建を頼まれたのですが、お金も出してくれと言われたので、私は「現代美術の作家に造らせてもよいなら」という条件を出しました。檀家の人たちは喧々《けんけん》諤々《がくがく》でしたが、結局ＯＫになり、神道の神社を、現代美術の作家に造ってもらった最初の作品になりました。

柳幸典　「ザ・ワールド・フラッグ・アント・ファーム」

ブルース・ナウマン「100生きて死ね」ベネッセハウスミュージアム

草間彌生　「赤かぼちゃ」

草間彌生　「南瓜」

私は、神道を世界に広げたいと思いました。神道というのは、自然と一緒に住み、教義がないのです。私は、これこそがこれからの21世紀の宗教を越える概念だという気持ちを持っています。しかしそれを私が文章に書いたところで、ここに来ていただいている方々にも一冊も買っていただけないと思うのですが、こういう形にすれば、世界に広がって、実際にフランスの教科書などにも載りました。教義とか、そういったものよりも、やはり自然が大事だというようなことは、今のサステイナビリティとか、環境が重要だということにも一脈通じるのだろうと思います。

この「角屋」は、家プロジェクトの最初の家です。古い民家を使って現代美術にするというこのプロジェクトは、恐らく世界で最初のプロジェクトだと思うのですが、こういったものが１９９８年に行われました。これには１２５のガジェットがあって、これらが点滅するものです。島の人たちが自分の思いを込めて入れました。もう亡くなった人もいますけども、その人が入力したガジェットは、今も点滅しています。鎮魂ということもあるのだろうと思います。

直島の家プロジェクトでは、以前歯医者さんだった建物を、大竹伸朗さんが作品化しました。

犬島の家プロジェクトは、２０１３年の芸術祭のときに、名和晃平さん、荒神明香さんが手掛けました。

豊島にはクリスチャン・ボルタンスキーの作品「心臓音のアーカイブ」があります。

地中美術館　ジェームズ・タレル　オープン・スカイ　2004ナイトプログラム

地中美術館　ウォルター・デ・マリア
「タイム／タイムレス／ノー・タイム」

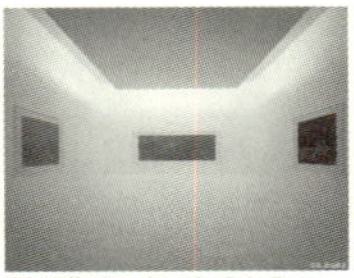
地中美術館　クロード・モネ・スペース

蔡國強「文化大混浴 直島のためのプロジェクト」

森万里子さんの作品「トムナフーリ」は、スーパーカミオカンデ（神岡宇宙素粒子研究施設）と連動していて、そのスーパーカミオカンデが反応する（超新星爆発が起こる）と、これが点滅するというものです。豊島には、電気自動車も入れました。

今直島では、ＳＡＮＡＡによるベネッセの研修センターを計画しています。

このようにして、島の人たちが本当に元気になりまして、民宿とか食堂ができたり、鎌倉からパン屋さん（トコリ）が夫婦で移住してきたりして、今大変おいしいパンが直島で食べられるようになりました。

そして、「直島銭湯」の管理人のおじいちゃん、おばあちゃんをはじめ、島の人たちがボランティアで案内をしてくれるようになりました。こういう過疎の島で、こういうお年寄りが現代美術を説明するというのは、本当にびっくりします。腰を抜かします。お年寄りが腰を抜かすのではなくて、若い人が腰を抜かすのです。

これはなぜかと考えました。現代美術のアーティストは、本当にわけの分からないことをするわけです。ごみまで作品にするのです。彼らは作品をつくるために、半月、１カ月と島に逗留《とうりゅう》します。その間、島の人たちがいろいろお手伝いをするわけです。そうすると、だんだんいろいろなことが分かってきます。その後、作品は残るけれども、アーティストは出ていきます。そうすると、島外から若い人がやって来たとき、物影からおじいちゃん、おばあちゃんが出てきて、とうとうと説明するのです。そういったことが重なって、島の人たちが自信を取り戻してきたのです。これが先ほど言った

大竹伸朗：はいしゃ　“舌上夢/ボッコン覗” 2006

犬島精錬所美術館
柳幸典「ヒーロー乾電池/イカロス・セル」(2008)

直島
家プロジェクト
「角屋」
1998年3月21日開館
宮島達男
“時の海 1998”

直島　家プロジェクト「護王神社」　アート：杉本博司

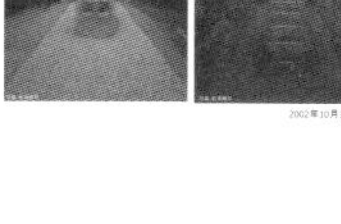
2002年10月31日開館

「直島メソッド」というかたちなのです。

ある人は、今まで自分が本当は何をしたいのか、分からなかったのですが、一計を案じて、女性しか泊めない民泊をはじめました。そうするとその民泊がはやって、そのおじちゃんは本当に元気になりました。

地方だからこそ実現できる幸せのコミュニティ

この図は、ベネッセと財団と福武の関係ですが、プライベートで美術館を運営するというのは、結構お金もかかり、運営費というか維持費が大変なのです。それでベネッセの株を財団が6％持って、その配当で運営していくという形にしました。このようなかたちで、美術館活動と助成と自主活動をやっています。助成は、全国各地で行われている現代美術等を利用した地域活動への助成で、30ほどあります。

このプロジェクトの考え方の一つですが、冒頭に「幸せとは何か。私は東京には幸せそうな人は一人もいない」という話をしました。ベネッセ（よく生きる）ですから、常に幸せとは何だということを考えるわけです。

そうして私が思ったのは、幸せなコミュニティにいないと、幸せにはなれないということです。では、幸せなコミュニティとは何だということです。宗教では、幸せは亡くなってからだと言われることが多いわけですが、私はそういうことは信じません。

豊島美術館　アート：内藤礼　作品名：母型

犬島「家プロジェクト」A邸　設計：妹島和世
アート：荒神明香　作品名：リフレクトゥ

犬島「家プロジェクト」F邸　設計：妹島和世
アート：名和晃平　作品名：Biota(Fauna/Flora)

犬島精錬所美術館　柳幸典
「ヒーロー乾電池/イカロス・タワー」（2008）

極楽、天国はあるかもしれません。しかしそこがよかったと言って帰って来た人に、私はまだ会ったことがないのです。皆さん方の中には、会った人はいるでしょうか。そういうわけで、私はこの世に極楽をつくりたいと思ったのです。

私は、幸せなコミュニティというのは、お年寄りの笑顔があふれるところだと思いました。それは東京ではなくて、過疎の町、島なのです。お年寄りというのは、やはり頭がぼけるかもしれません。足腰が悪くなるかもしれません。この中にはいらっしゃらないと思いますが、私もやはりちょっとぼけて、足腰が弱くなりました。お年寄りは、人生の達人です。人生の達人というのは、若者よりも絶対に幸せでないといけないというのが、私の信念なのです。お年寄りというのは、なかなか笑顔が生まれません。お金で笑顔が出るわけではありません。しかし、こうして現代美術によって、お年寄りに笑顔が生まれるようになりました。そういったお年寄りの笑顔があふれる場所に行けば、幸せになるかもしれないというような、若者たちが自分の将来の姿が見える町を、ものはなくても、娯楽はなくても、海外の方がいっぱいいらっしゃるような町、エリアをつくりたいと思ったのです。

いま日本という国は、先ほどの豊島の産廃ではありませんが、大量生産、大量消費で、残念ながら消費というものがないと生きていけない国になってしまいました。造っては壊し、造っては壊しの中に経済効果を得ているのです。しかしそれは間違った考えだと思うのです。結局アメリカ発のそういう文明史観は、次の世代では否定される

直島研修センターの模型写真

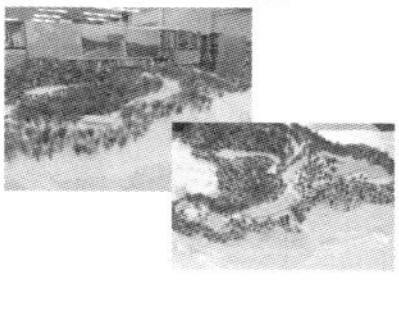

豊島 EV

豊島　アート：森万里子　作品名：トムナフーリ

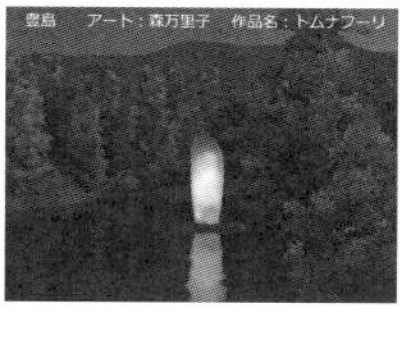

豊島　アート：クリスチャン・ボルタンスキー
作品名：心臓音のアーカイブ

だろうということが、私の根本にあって、それで「あるものを活かして、ないものを創る」という発想に至ったのです。「あるものを壊し、ないものをつくる」という現代社会の発想は、非常に危険だと思います。だから先ほど申し上げた、年をとればとるほど幸せになるような、そういったコミュニティをつくりたい。それが大事なのではないかと思ったのです。

経済は、文化のしもべです。しかし日本という国も、やはり経済が目的化しています。こういう国の考え方、体質を根こそぎ変えてやろうというのが、東京解体論です。この考え方は前からあって、大原さんもそういうお考えでしたが、それは東京を地方に持って行くとか、あるいは地方主権型の国になるべきだという考え方です。しかしそういう動きは、また東京オリンピック開催によって、恐らく駄目になるのだろうと思います。そうであれば、地方にそういう独立国をつくってやろうと考えました。地方こそ本当に豊かで幸せなのだということを、日本あるいは世界の人に見せつけてやろうというのが、今の直島なり芸術祭のプロジェクトであって、経済は文化のしもべなのだと発信したいのです。

それには、株式会社の大株主として、5%から10%の株式を公益財団が持つべきだと思います。そういったことは簡単にできます。株主総会

直島銭湯の直島観光協会による運営

直島 民宿

直島 パン屋 トコリ

直島 NaoPAM／島食DOみやんだ

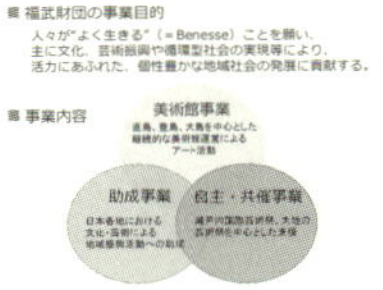

ベネッセ・財団・安定株主の関係性

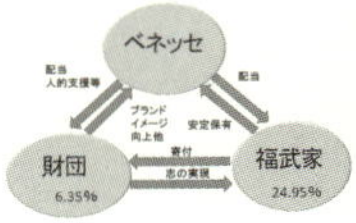

豊島 民泊の開始（2012）

直島

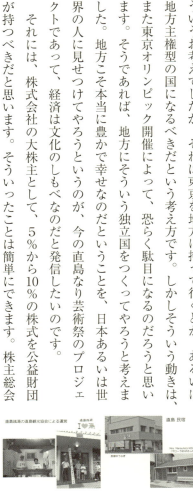

で第三者割当てをすると言えば、3分の2の議決ですぐにできるのです。そういう考え方を日本から発信して、金融資本主義の後の資本主義の在り方というものを、直島なり瀬戸内海から発信していければいいなというふうに思っています。

また後ほどセッションの時間がありますので、私の話は、これで終わりたいと思います。どうもありがとうございました。

【幸せのコミュニティ】

幸せになるには幸せなコミュニティに住む

⇩

幸せなコミュニティとは
人生の達人のお年寄りの笑顔の溢れている所

⇧

現代美術を仲介に島のお年寄りと若者を繋ぐ

【発信したいメッセージ】

■在るものを活かし、無いものを創る

■年を取れば取るほど幸せに

■経済は文化の僕（公益資本主義）

地方発の新しい集客のかたち
―街と共栄する美術館とは―

兵庫県立美術館館長

蓑　　豊

日本の美術館スペシャリスト
「美術館はもっと親しみやすく、楽しい場所であるべきだ」という信念のもと、継続的な情報発信や地域の住民や商店街などを巻き込む活動を展開。
初代館長を務めた金沢２１世紀美術館では、開館５年で入館者700万人突破という実績を樹立、金沢の街の活性化にも大きく貢献。
美術館の持つ集客の魅力等講演多数。

〈略歴〉

1977年　米国ハーバード大学文学博士号取得
1969年　ロイヤルオンタリオ博物館　東洋部学芸員
1976年　モントリオール美術館　東洋部長
1977年　インディアナポリス美術館　東洋部長
1988年　シカゴ美術館　東洋部長
1996年　大阪市立美術館　館長
2004年　金沢21世紀美術館　館長
2005年　金沢市　助役
2007年　サザビーズ北米本社　副会長
　　　　大阪市立美術館　名誉館長
　　　　金沢21世紀美術館　特任館長
2010年　兵庫県立美術館　館長

〈著書〉

「超･美術館革命－金沢21世紀美術館の挑戦」（角川書店 2007）「ミュージアムパワー」（共著、慶應義塾大学出版会 2006）「超＜集客力＞革命－人気美術館が知っているお客の呼び方」（角川書店 2012）等多数どうも皆さま、こんにちは。

3つも素晴らしいお話を聞いた後、私が登場するので、もう皆さん疲れ果てているのではないかと思います。何とか30分を乗り切って、私の話でみんなが元気になり、勇気をもらって、明日の日本を、また新しい日本をつくってもらいたい、そのような話をしたいと思いますので、30分間、ご静聴お願いいたします。

私は30年近くアメリカ、カナダにいまして、浦島太郎になって日本へ帰ってきました。シカゴ時代に、世界的に有名な建築家の安藤忠雄さんとシカゴ美術館の館長と一緒に89年に直島へ初めて来て、その思い出がずっと今でも強く残っています。シカゴの有力者を26名直島へ連れてきました。本当に今でもシカゴへ帰ると、直島の話が常に出てくるぐらい、皆さんにインパクトを与えたと思います。そういう点で、大原さんも素晴らしい美術館を本当に頑張って、福武さんも本当にこういう素晴らしいものを世界へ発信したということは、大変な功績だと思っています。その上、私の大変な恩師である小山冨士夫先生も岡山出身で、非常に岡山には親近感があります。

公共の広場、教育機関としての美術館

今年1月に発行された、イギリスの歴史ある『エコノミスト』という経済誌の大

きな特集で、「現代美術館がすごい勢いで世界を制覇するのではないか」というような記事が出ていました。その中で、私が非常に引き付けられたのは、アメリカの統計で、スポーツのほうがたくさんのアメリカ人が見ているのではないかと思っていたら、博物館、美術館に年間８億５千万人もの人が行っているということです。ということは、アメリカの人口は３億人ぐらいだと思いますが、１人の人が数回行っているという結果になります。イギリスでも、人口の半分は美術館、博物館へ行くし、スウェーデンの場合は、人口の４分の３の人が年間に美術館や博物館へ行っているということを読みまして、なるほどと思いました。

特にニコラス・セロータという大変有名なテート・モダン、テート・ギャラリーの総監督、一番トップの人が言っている中で、「美術館、博物館というのは公共の広場になってきている」と。もちろん美術館、博物館は宝物をしまう箱でもありますが、それと同じように、公共の広場になっているということです。

私も、金沢でもそういうつもりでやってきましたが、美術館というのは、いわゆる今までのようにトレジャーボックスだけでなく、本当に大学化、教育の施設になってきています。美術館に行っていろんなことを学ぶ施設、日本でも、もっともっと教育機関として美術館が使われれば、もっとたくさんの人が美術館を訪れると思いますが、日本の美術館の統計を見ても、年間５～６万人が平均です。それを何とかして１００万人を、私は館長になれば、必ず１００万人行くようにいろいろ努力し

The Economist

SPECIAL REPORT
MUSEUMS

December 21st 2013

ています。

　ただ、いい建物をもらっても、それを運営する運転手がいないと、美術館には絶対に人は来ません。いくらいい場所に、いくらいい建築家に造ってもらっても、それをやる福武さん、それから大原さんのような「パッション」がある人がいないと、美術館には人が来ないと思います。何度も言うのですが、それはやはり教育の問題だと私は思いますから、子どものときから感動を与える、美術館へ来て感動する、それが感性を導き、経済へもつながっていくというのが私の信条ですし、今日の大原さん、福武さんも同じだと思います。

　経済が文化を育てるのではなくて、文化が経済を良くするのだという気持ちが大切です。それにはやはり感性を持つということが必要です。それは小さいときから美術館へ行ったり、いい音楽を聞いたりすることです。そういうものに日本の国や自治体は投資しません。目の前のお金にしか目が行きませんから。しかし、これからは10年、20年をスパンに考えて、日本の未来を運営していかないと、教育もその場その場でやるから、毎日、新聞を見ても、皆さんご存じのように、考えられないような事件が頻繁に起きています。これはやはり教育の中で、感性を育てる、美術館へ行ったり、音楽を聞いたり、そういうことをしてこなかったツケが今の日本に来ているのではないかと思います。遅くはございませんから、お父さん、お母さん、おじいさん、おばあさんが、子どもを美術館へ連れていったり、音楽を聞かせたり

Museum sleepovers

The British Museum © *Benedict Johnson*

してあげてください。それが将来、その子たちが素晴らしいことをやってくれる糧になると私は思います。

例として、大英博物館で子どもたちを寝袋で、博物館の中へ泊まらせるという、こういう夢の実現をしているということがあります。続いて、ニューヨークで、特にチベット関係のアートのプライベートの美術館がダウンタウンにあるのですが、その中でも、子どもたちが寝袋で、こういう展示室の中で眠ります。こんなことをやったら、日本の文化庁は大変なことで、おそらく美術館が閉鎖されてしまうと思います。次は、ロンドンの民族博物館といいますか、歴史博物館、ちょうどビクトリア＆アルバートの隣にある巨大な博物館ですが、恐竜の化石が置いてあるところで、子どもたちを寝袋で一晩寝かせています。こういう素晴らしいプログラムによって、子どもたちは一生忘れることの出来ない体験をします。日本でも、本当にこういうことが自由に博物館、美術館でできれば、日本は絶対に変わると思います。

街を大きく変えていく現代美術館

では、これから本題に入ります。これは先ほどの雑誌『エコノミスト』の中でも言われていましたが、建築、現代美術が世界を制覇してきています。私が見たところ、美術館、博物館というのは、大体ギリシア神殿のような建築物で、そういう建

築物が世界中で、また日本もそうですが、主流でした。それが1959年に初めて、フランク・ライトがニューヨークのグッゲンハイムという、道路からそのまま歩いて階段なしで入れるような美術館、本当に現代建築としての美術館を造りました。

それから20年後の1977年に、今度はレンゾ・ピアノのほか、3人の若い建築家がパリにポンピドゥー・センターを造りました。もちろん周囲からは大反対です。建築途中でやめてしまったような建物を造って、しかも街のど真ん中に。それが今では、現代美術の象徴といいますか、世界の象徴的な美術館になっていますし、もちろんルーブル、ポンピドゥーというのは、パリに行ったら必ず訪れる場所になっていると思います。

そして、やはり20年、だいたい20年スパンでこういうものができてきたのです。今度は1997年に、グッゲンハイムの分館がスペインのビルバオにできました。1989年にプリツカー賞をもらったフランク・ゲイリーが造ったこのグッゲンハイム・ビルバオ。これで一挙に現代美術、現代建築の美術館がこれだけの集客をするんだと、今でも100万人が来ているというぐらい、街を変えていった巨大な美術館になっています。街のど真ん中から見た風景が、このグッゲンハイムのビルバオのシーンですけれども、古い街中に突如この現代建築が現れるわけですから、市民は驚き、世界中が驚いてここを訪れていると思います。この美術館によって、街が本当に大きく変わりました。

Guggenheim Museum Bilbao

次に金沢の例です。

私が行ったのはちょうど２００３年、その1年半後にオープンしたのですが、よく言われるのです。「新しい美術館だからこれだけ人が入ったんだよ」と本当によく言われました。「次の年からはもう来ないよ」とも言われましたが、「だけど、最初は、皆さんも新しい美術館だったのでしょう。何をしていたんですか」と質問すると、皆さん逃げていきます。やはり美術館ができてからでは遅いのです。日本のシステムですと、いくら有名な建築家に造らせても、内側を担当する企画会社が別にいます。大体3社くらい有名な会社があるのですが、それらの会社がやると、結局は日本の美術館は全部一緒です。同じ企画内容ですから。名前だけ違うだけで、いくら北海道で博物館や美術館を造っても、九州で造っても本当に同じ内容ですから、これでは人は行かなくなると思います。

金沢の場合は、最初から学芸員と一緒に建築家と意見を交わし、けんかしながらつくり上げてきたことがよかったと思います。そのほかにも、私が市長にカウントダウンをさせてくれと伝えました。エキスポが来るとかオリンピックが来るとかでは、もちろんそういうことはしますが、美術館ができるのにカウントダウンした街というのは世界でもあまりないと思います。街のど真ん中に、ただ言葉を発するイチハラヒロコという女性の素晴らしいアーティストがいるのですが、彼女が毎月違う言葉を発するのです。これが皆さんをドキドキさせたと思いますし、オープンし

金沢21世紀美術館開館までのカウントダウン・ボード

イチハラヒロコ（金沢21世紀美術館 開館カウントダウン・ボード）
（2003年10月18日～2004年10月9日）
©イチハラヒロコ
写真提供 金沢21世紀美術館
大きさ　縦6m 横3.5m 奥行き0.6m

街の通りから望む美術館

館内から天井を見上げる

て驚きを感じたと思います。

こうゆう仕掛けをしたことも、あれだけの人が来る大きな要因になったと思いますし、もちろん子どもを呼んだということも大きな要因ですけれども、始まる前に、１年前に仕掛けをするということがいかに大事かということです。

１５０万人を集める金沢21世紀美術館の仕掛け

金沢21世紀美術館は、このように宇宙船のような建物で、ＳＡＮＡＡグループが建築しました。福武さんのところもたくさん仕事していますす妹島さん、西沢さんの設計で、世界でも本当に代表的な建築物になっていると思います。今では、高校生の日本の教科書にも、この金沢21世紀美術館が出てくるようになっていて、そのぐらいインパクトを与えた建物だと思います。

小中学生全員を、３カ月以内に４万人連れてきたことも大きいですが、お年寄り、それから保育園、幼稚園の生徒を呼ぶのに、１台バスを買っていただいて、バスで無料の送り迎えをしました。これも常に予約で満員ですから、本当にあらゆるジェネレーションの人をこの美術館に連れてきて、皆さん感動して、それがリピーターで、１人が何回も美術館へ行くことによって、今でも１５０万人の人が来ている美術館になったと思います。子どもの遊べるような作品を作ったことも大きいし、託児

金沢21世紀美術館
設計：SANNA（2004年）

所を作ったことも、やはりあらゆる人が来られる、こういうレアンドロのスイミングプールも非常に人気があります。現代美術というものが、今の子どもたちにぴったり合ったと思います。いくら金沢でも、九谷焼の国宝を見せたって子どもたちは見向きもしませんけれども、こういうものに対しては、本当に心から入っていける、それが現代美術の良さだと思います。

現代美術というのはよく分からない、作家の名前も知らない、金沢では最初大反対で、議会で私も何度も質問に立たされました。１００回以上、いろんな商店街を回って、「美術館ができると必ず人が来ますよ」と言っても、なかなか分かってもらえず、「美術館と商店街とどういう関係、全然関係ないよ」とよく言われました。

もちろん、皇太子殿下もお見えになりました。大体、皇室が来ると、その対応は県の仕事になります。だから、県の人は、通常は絶対に市の施設は案内をしないのです。この時は、たまたま皇太子殿下の侍従が金沢の出身だった。そして、お正月に家族で帰って、21世紀美術館を訪れて、すごく感動して、皇太子殿下に「今度金沢へ行かれるなら、絶対に21世紀美術館をご覧になってください」と伝えて、特別に県にお願いして金沢21世紀美術館に来られました。おかげで、殿下がどのくらいいたのかな、30分という滞在時間を私が8分も超過して大変なことになりました。

『文藝春秋』にも大きく日本の顔で出ましたけれども、そのぐらい、いろんなところで金沢21世紀美術館は話題になりました。ジェームス・タレルの部屋など、こう

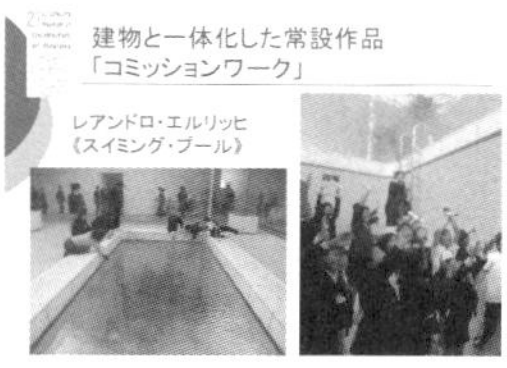

いう無料ゾーンを作ったこともよかったと思っています。また、子どもたちが本当に遊べる作品が、たくさん美術館の周りにあるということもよかった。現代アートが子どもたちに非常に近くなったと思います。

あるとき、アサガオを植えるプロジェクトをやりまして、ちょうど美術館が円形で全部周りに植えましたから、約2000万円のお金がかかったのですが、子どもたち500名、中学生に全部植えてもらったのです。子どもたちは本当に一生懸命手入れもしてくれましたし、そういうおかげで、素晴らしい花が咲いてくれました。

また、「もう一回券」というのを子ども全員にあげたのです。3カ月の間にこの券を持ってくると無料で入れますと。もともと子どもは無料なのですが、子どもにはもちろん言いません。やはり自分に券があるというのは、常に大人になりたいという気持ちがある子どもにとって、すごく嬉しいんです。子どもたちは、それを親に見せて、自分の券があるから美術館に連れていってとお願いする、この券が3カ月の間に7000枚も受付に戻ってきていたということですから、1枚の券で2人以上は連れてきているわけです。もちろんご両親はお金を払ってくれています。子どもはこの券で、学年と学校名を書いて来ていますから、ちゃんと証拠が残っています。

500近くの商店街に「アートdeまちあるき」のラベルを貼ってもらい、そのかわり、いろんな特典として、美術館の半券を持っていくと、最初の飲み物が無料に

ジェームズ・タレル《ブルー・プラネット・スカイ》

ミュージアム・クルーズ・プロジェクト まるびぃ冊子

アートdeまちあるき

なるとか、10％引くとか、本当に今では、一番最近、金沢から届いた統計でも、兼六園と争うぐらいの入場者が、金沢の21世紀美術館では続いています。

暗かった兵庫県立美術館

それで、今度は、福武さんとも非常に親しい安藤忠雄さんが、２００２年に震災の後に、当時の知事が芸術で何とか県民を癒やそうということで、大変なお金をかけて巨大な美術館を造ったのが、この兵庫県立美術館です。この美術館で館長をやってくれと２０１０年に言われまして、どうしたらいいか、金沢と全然違う舞台でこれから人集めをしなきゃいけない。兵庫県立美術館は安藤さんの素晴らしい建物ですけど、非常に暗いのです。金沢のときは全部ガラス張りで、非常に明るくて透明でしたが、この建物にどうしたら人が呼べるか、いろんなことを考えました。

これは美術館ができる前の写真で、もともと神戸製鋼の精錬所があった所です。そこに美術館を造るわけですが、もともと3万人もの人が精錬所で働いていたわけです。そうすると、周りはもう赤いちょうちんの飲み屋ばっかりだったのですが、それを何とか芸術の香りのする道にしようということで、いろんなことを考えました。

最初にミュージアムロードを作ろうと考えました。美術館までの道というのは市が持っていますから、市長に言って、まず電柱の地中化をしてもらいました。これが

ミュージアムロードです。横尾忠則現代美術館や王子動物園を結ぶまっすぐの道です。ミュージアムロードの命名式には市長、安藤さんにも来ていただきました。このミュージアムロードにはいろんなショップがあり、アーティストの村上隆さんが中野で成功しているので、彼に店をここに作って欲しい、と今交渉しています。

そして、これが最後の難問ですが、電線が国道を渡っているのです。駅から美術館へ行くまでに、2号線が通っているので、電柱があり電線が邪魔になっていました。これを何とか取りたい。たまたま安藤さんのところへ行ったら、国土交通省の人がいて、「何とかこの電柱を取ってよ」と頼みました。それから2カ月で全部取っていただくことが出来ました。そうすると、これだけクリアになりました。屋根の上のシンボルの「美かえる」もはっきり見渡せます。

駅名まで変えて存在をアピール

美術館に一番近い駅は阪神の岩屋という駅でそこから8分なのですが、今度は、阪神の社長に、何とか駅名に「県立美術館前」と入れてくれと頼んで、これが大変な仕事でした。この沿線には甲南大学、甲南女子などたくさんの大学があるので、美術館の名前を入れてしまうと、他の学校からもたくさん依頼が来てしまう、だからやれないということを言われましたけれども、これだけは私は諦めませんでした。

何度も何度もうちのスタッフが行って、やっと兵庫県立美術館の名前が付きました。私が言ったのは、「阪神は甲子園だけが文化じゃないんですよ。１００万人もの人が美術館に来るんだから、ぜひ名前を入れて。大学だったら１００万人も来ないでしょう」ということで、最終的には「岩屋駅（兵庫県立美術館前）」となりました。まず存在感を出すということ。岩屋といっても、誰もここに美術館があるというのが分かりませんから。それで、今度は阪神の宣伝にも利用していただきました。うちの美術館を背景にして阪神の宣伝広告も出しています。

そして、先ほども言いましたが、バスケットボールの大会を毎年やっています。これはアシックスさんにお金をいただいてやっています。これに５００名は来て、全国からこのトーナメントに出てきます。ＳＬも走らせたり、先ほどの円形劇場で音楽会を開催したりもします。これで１万人以上来るようになりました。このほか、年に１００回以上こういうイベントや音楽会を、もちろん無料でやりますので、数百名が毎回、毎週美術館を訪れてくれます。それは、県がお金を付けてくれるからできるのですけどね。

佐渡裕さんが芸文センターの指揮者で、お互いに名前が「ゆたか」ですから、お互いに豊（ゆたか）、裕（ゆたか）で、いろいろ助け合っていて、美術館で演奏したことがないというので、彼を呼んで、約２００名のギャラリーの中で、もともとフルート奏者なので、ここで２曲演奏してもらいました。安藤さんも、本当に毎回、

展覧会のごとに講演をしてくれるのですが、安藤さんというだけで300名の人で必ず講演会は埋まります。

一番欲しかったのは、美術館の屋根の上にイエローのダックだったのです。そしたら、この作家が、「屋根の上は嫌だ、水のあるところに浮かべてほしい」ということでしたので、仕方なくダックはあきらめたところ、巨大な8メートルのカエルになってしまいました。それでも今では、「美かえる」という名前もいただいて、非常に子どもたちに人気があります。最初に、これで一番私が恐れたのは、安藤さんだったのです。こんなのを見せたら、こんな品のないものを俺の建物に作るのかと言われてしまうかも、と心配でしたが、意外に1回でパスして、これが実現しました。今ではもう、阪神の駅を降りると、このカエルカラーでやっていますし、阪神はこれで一生懸命宣伝してくれています。乗降客が何倍も増えているということを聞いて、今は社長も私に対してはすごく感謝しています。この「美かえる」が乗って、たくさんイベントもしていますし、今度は「美かえる」の金太郎あめを作って、店で売る計画をしています。金太郎あめのボックスもすごく面白い作りになっています。ぜひ来たら、この金太郎あめをみなさんに買ってほしいなと思います。

ミュージアムロードをさらににぎやかにするために、椿昇さんに美術館に近いところに、巨大なサヤエンドウの彫刻を作ってもらいました。来年は、ヤノベケンジさんに作ってもらうのですが、今いろいろ問題がありまして、駅前に大彫刻を作る

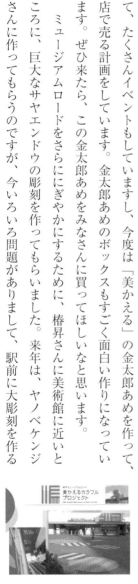

予定ですが、住民からなかなか反対も多いし、これをどうしていいか、ちょっと今、苦労しています。しかし、これからもミュージアムロードをもっともっと活性化するために、いろいろ工夫をし、いいアイデアを考え続けます。

時間が来てしまいましたので、もうこのぐらいにしますけれども、最後、やっとうちも今年でちょうど９００万人来ると思いますので、何とか少しでも努力すれば、人は来てくれるので、後ほど、皆さんと一緒にお話ししていきたいと思います。大変失礼いたしました。どうもありがとうございました。

第2部　座談会

瀬戸内文化圏の創造育成と情報発信

登壇者　ゲーザ・フォン・ハプスブルク大公
　　　　大原　謙一郎
　　　　福武　總一郎
　　　　蓑　　豊
総合司会　杉山　慎策（就実大学経営学部学部長）
通　　訳　武部　好子
（就実大学人文科学部実践英語学科講師）

司会　お待たせいたしました。ご講演者の皆さんがおそろいでございますので、最後のセッションをスタートしたいと思います。私はこの4人の方のお話を聞いて、すごいパッションを持ってご講演されているので、おそらく眠ってらっしゃる方は一人もいらっしゃらないのではと思いますけれども、同時に、この人たちをどう牛耳ればなんとかこのセッションがもつのか、ということを大変心配しておりますので、ご講演者の皆様、ぜひお手柔らかにお願いしたいと思います。

地域における文化の役割とは？

まず最初に、一番感じたのは、やはり地域と文化ということがかなり出てきておりますので、一つは、例えば本当に地域の発展ということに文化は必要なのか。すでに、実はご講演者の方たちは、文化がないと東京と一緒になってしまうということで、だから文化は必要なんだということをご発言されていらっしゃいますが、地域の発展に文化はどう役に立つのか。逆に言うと、経済だけ繁栄していればそれでいいのか、というようなこともテーマになるのではというふうに思います。「文化＝美術館」ということではないかも分かりませんが、集約的に文化を美術館ということで代表されると、この美術館が地域で果たす役割というのは一体どういうものがあるのか。これは確か蓑先生のご著書にあったと思うのですけれども、「美術館は市民のサロン、応接間になってほしい」というようなことがございました。

もう一度、このご講演をまとめていく上で、地域と文化ということで美術館が果たす役割ということをまず最初に、私のお隣にいらっしゃる蓑先生から少し。できれば発言は、お一人様大体3分から4分ぐらいでしていただくと、３ラウンドから４ラウンドできると思いますので、ぜひよろしくお願いいたします。

では、最初に蓑先生お願いいいたします。

美術館を市民の応接間に

蓑　今おっしゃったように、日本の美術館というのは公立の美術館がすごく多いんですが、皆さんの本当に大事な税金を使わせてもらっているわけですから、皆さんが普通自分たちの家のリビングルーム、応接間に飾れないような絵を、皆さんの税金を集めて大変高い絵を買わせてもらって、それを美術館に並べているわけですから、本当に皆さんが自分たちの応接間のように使ってほしいというのが私の発想です。

あるとき、アメリカのボルチモアの新聞記者が来てそういう話をしたら、すぐボルチモアの新聞に大きく1面に「日本の美術館の館長が、美術館は市民の応接間のように」というのが出ました。外国の美術館というのは自治体はやっていません。どこも本当に個人の寄付でやっている美術館、財団がほぼ100％近いですから、ナショナルギャラリーを除けば、大体は財団でやっていますので、あまりそういう発想はないわけです。常に自分たちのお金で買っているわけですから、あまり税金という発想がなかったので、非常に強く印象を与えたのだと思います。

そういうふうに皆さんが、美術館の人たちがそういう気持ちを持っていただければ、美術館がどういうふうにお迎えできるか。今まではいいものを並べれば、あとは来なかったあなたたちが悪いんだよ、というのが今までの美術館の態勢だったと思うのですけれども、やはり美術館が頭を下げて皆さんをお迎えする。私は大阪の美術館の館長だったときも、常に自分の家と同じようにギャラリーにゴミがあったら拾います。「館長、そういうことをしてもらったら困ります」と言われて、私はすごく怒ったことがあるんですけど。そういうちょっとしたことですけれども、美術館も自分の家と同じように、ゴミが落ちていたら拾うというのは当たり前のことなので、常にきれいにして皆さんをお迎えするという気持ちを持ってほしいというのが私にはあります。

司会　ありがとうございます。同じようなお話で、大原理事長に次にお伺いしたいと思うのですけれども、戦後すぐに日本の復興のために手掛けられて、そしてコンサートを始められたり、いろいろなことを手掛けられたので、倉敷の美観地区というのは、大原美術館あっての美観地区だと思うのですが、この市民のためのサロンというか応接間ということについてちょっとお話を。

文化が人を育てる

大原　まず訂正しますと、「大原美術館あっての美観地区」ではなくて、「美観地区あっての大原美術館」ですし、倉敷あっての大原美術館ですので、というふうに私たちは思っています。

それで、どういうふうにということで、一番最初のほうのご質問で、「美術館って、あるいは文化って、地元にとって何の役に立つの？」という話とのつながりのテーマだと思うのですけれども、これもまた申し上げますと、文化もアートも役に立つから尊いんじゃないよと、そのもの自体が尊いんだよ、これが大前提です。僕たちはそう思っていますし、そういうつもりでやっているんですけれども、だけれども、地元にとってもあるいは広く社会全体にとっても、役に立つやり方というのは、私は2つあると思っているんです。２つを象徴するようなことをいつかどこかで申し上げたので、それをくり返して言います。一つは、覚えておいてください、「アインシュタインのバイオリン」、もう一つは「皇太子殿下の古美術展」。

アインシュタインという人は、学校の成績がものすごく悪かった。だから、多分今の文部科学省が出してくるテストをやったら、下のほうから10％ぐらいにいくでしょう。だけれどもそんなこと関係ないだろう。あれだけのクリエーションをやった人ですから。あの人は子どものころからバイオリンが大好き。一生懸命バイオリンを弾いていた。いいですか、そういうことがすごく大事で、アインシュタインの中に眠っているクリエーションの力を引っ張り出したのは、文部科学省のテストの点数ではなくて、バイオリンだったんです。

私は倉敷でいろいろな子どもたちと接する機会があるんですけれども、そういうことを本当によく感じます。そしてまた、岡山県のすごいところは、そういうふうな子どもたちに、いろいろなアートに接する機会というのをつくってくださっているんです。大原美術館でも、さっき申し上げましたけれども、年間延べ４０００人の未就学児童、これを美術館に送り込んできてくれている。そのためのプログラムをつくっていますし、そのためにいろいろなことで子どもたちと接していますし、僕たち自身もものすごく勉強になるんだけれども、だけれど幼稚園・保育園のころに、こういうふうに絵と付き合うんだね、本当に絵と遊んでくれるんですね。どれか好きな絵を選んで、みんなその前に行って絵のことを描いてごらんと言ったら、わーっとなる。普通の日はできません。ですから、例えば月曜日の休館日に「学校まるごと美術館」とかそういうことをやって、休館日にやってくれています。この子たちは絶対いい子に育つと私たちは思っていますし、ひとかどの大人になっていくに違いないと思っています。

実は私のところには、そういう教育学部みたいなものはありませんから、もしもどこかの教育学部で、そういうことで育った子どもたちが、どういうふうなひとかどの大人たちになっているかというのを研究していただければ、非常に嬉しいと思います。そういうことが一つの役立ち方。

土地の値打ちを上げる

もう一つの役立ち方というのは、さっき言いました、戦後日本の立ち上がりを助けるために、世界で日本古美術展をやった。それを皇太子殿下が見に行かれた。これは非常に大きいインパクトがあった。これは皇太子殿下の古美術展ですが、その直後に多分ニューズウィークだったと思いますが、それに記事が出たのを神戸大学の先生が見つけてくれました。何と書いてあったかというと、「日本のこれからの狙い目は、アメリカのクオリティーマーケットだ」と書いてあった。

当時はまだ1ドル＝360円の時代ですから、日本製品は確かに安い。安かろう、悪かろうじゃなくて、安くて品質は普通。だけど違うよと。日本の狙い目は、アメリカのクオリティーマーケットだよと。

そうでしょう、トヨタも最初はコロナだったのが、今やアメリカで売っているのはレクサスですから。そういうふうな、いわばイメージをつくっていくには、多分皇太子殿下の古美術展はすごい力があったんだろうなと。これは日本のためではなくても、例えば倉敷というブランドがあります。倉敷という名前があります。倉敷という名前を付けて、例えば「倉敷ジーンズ」とか。もちろん児島です。「倉敷児島ジーンズ」とか。というのが、何かの付加価値に、名前に付加価値があるとすれば、それはこの土地が持っている何か文化の力かなという気がしています。

こういったものを次の世代にどんどんとつなげていくために、例えばこういうことがある。ごめんなさい。これも自慢話になりますが、この間、「パリ管弦楽団パーヴォ・ヤルヴィ」なんて言ったら、音楽ファンの方は「えっ？」とおっしゃるだろうけど、そのパーヴォ・ヤルヴィの倉敷のコンサートのときに、このときには倉敷コンサートの２００回記念か何かで、子どもたちを３００人招待したんです。その３００人の招待された子どもたちが素晴らしかった。だから、終わってからアンコールで手がわーっと挙がっているときに、パーヴォ・ヤルヴィさんが子どもたちを見てわーっと手を振っていたら、実は周りから楽団員がどろどろっと出てきてこうやって手を振ってくださった。あとで飯を食いながら聞いたら、この子たちは演奏しているときにはびしーっと静かにしていてくれて、このあと大事ね、騒ぐときにはすごく騒いでくれた、こんなに気持ちのいい子どもたちは初めてだと。倉敷の子は世界一だと言ってくれました。

いいですか、そういう子どもたちが育っている、そういう文化的なバックグランドというのは、今は倉敷の話をしましたけれども、岡山にも津山にも高梁にも笠岡にも新見にも、あらゆるところで育っていますから。このことは最初に言いましたね。岡山県はあらゆるところにそういう材料が眠っている。それが国民文化祭の成果だと。そういうことを考えながら２つの役立ち方。つまり、一人の一人の中から何かを引っぱり出す。そしてそれと同時に、その土地の値打ちを上げていく。その２つの役立ち方があるんだなと思っています。

かなり時間が超過しましたので、あとはこちらのほうでお願いします。

司会　はい、ありがとうございます。余談ですけれども、私も実はジーンズの研究をしておりまして、いつもジーンズで大学へ行っているんです。今日もジーンズをはいてこようと思ったのですが、やはりこういう場なのでふさわしくないと思いまして。でも、本当はジーンズをはいてきたほうがよかったのかも分かりませんが。

最後になりますけれども、福武理事長様は、すでに地域を文化で大きく変えられた実績を持っていらっしゃるんですけれども、地域と文化ということでご発言をお願いしたいと思います。

小さくても個性を発揮

福武　人も企業も地域も、やはり個性が大事だと思っています。経済で個性というのもなかなか難しい。スポーツもなかなか個性は難しい。勝った・負けたぐらいしかない。そういう面で、文化というのが一番個性が出やすい。それも強いとか、大きいとかではなくて、小さくても個性というものを生む可能性があるものだと僕は思っているんです。

アートというもの、あるいは文化というものの個性をどういうかたちで使うかということが、その地域、地域の状況を見て使い分けたらいいと思っているんです。だから、直島というのは、先ほどスライドを見ていただいたように、あの周辺の島々は近代化の負の遺産という形で捨てられている、そして過疎という状況、そして瀬戸内海という素晴らしい景観があるというのをうまく使って、僕は地域の人を元気にしたい。元気にするためにアートをどう使おうかということでスタートした。たまたま私の場合はそういうやり方で、文化というかアートを使わせてもらったということです。

司会　お金を投入して地域活性化というのは、実はいろいろな方法があるんだろうと思うのです。道路を付けたり、電柱を地中化したりいろいろなことがあるんでしょうけど、やはり文化・美術ということで、本当に実証されたということは、やはりすごいことだと思いますし、よき宣伝になるのではないかと思っております。

文化における企業の役割とは？

次に企業と文化。われわれは経営学部なので、どうしてもお金のことを。実はマーケティングとか経営学の話をすると、金もうけではないか、そんなものを教えてどうするんだと言われるんですけれども、そういうことではなくて、企業の経営、組織経営は一体どうあるべきか。それは多分大学とか美術館とか、そういうことも必要なんだろうと思うのですが、それが果たして文化にどういうふうに役に立つのか。

ハプスブルク大公のお話の中に、それが必ずしもハプスブルク家が狙ったため、つまり500年後とかにヨーロッパに年間3億人も観光客が来るということを意図して、ハプスブルク家のマクシミリアンさんとかそういう方がやったのではないかも分からない。むしろ自分の自己満足とか、王家を人々にピーアールするためにやったのかも分からないですけれども、結果とするとパトロンとしてすごい役目を果たされて、今日の中世ヨーロッパの一つの隆盛があって、観光客がヨーロッパに押しかけている。

なので、企業が文化のパトロンとなるのか。あるいはどういうかたちで、経済活動の中で非常に大きな役目を果たしている企業が文化を支えるべきなのか、ということについてご意見を頂戴できたらというふうに思っています。

これは、どなたからまいりましょうか。やはり、福武理事長から先にお願いします。

文化と経済は車の両輪

福武　富を創造することができるのは、企業活動なのです。だから、行政は金を使うことはできるけれども、富を創造することができるのは企業。だから、その富をどう使うかということは非常に重要で、文化というのは非常に個性的なものだと私は思いますし、個性的なことは、生意気だけれども行政では難しいと思う。それは民主主義ではできないと思っているんです。非常にとんがっている。個性ですから。個性とは、要するに個人とか企業が本来すべきものだ。であるとすれば、富を創造する企業活動が、僕はすべきものだと思っているんです。

だから「経済は文化のしもべ」ということをさっき申し上げましたが、それはやはり車の両輪のようなもので、経済活動と文化活動が車の両輪だと思いますから、企業活動でいい商品・サービスをお客様に提供するということはよく言われるんだけれども、しかしそれだけだと、商品・サービスを買っていただかない人は、われわれのファン、シンパになっていただけないですよね。だから、そのステークホルダーを超えた方々にもいいイメージというか、それを持っていただくには文化活動しかないんです。そういう面から、最初からわれわれの会社のために文化活動は非常に重要だ、車の両輪だということで私はやってきました。

司会　ありがとうございます。今、ご発言があったように、経営学を勉強されている学生諸君は、経営学を勉強するのは富をつくるため。多分非常に大切な役割を果たすというので、それを上手に使うと。中には「私が死んだら、この名画を一緒に焼いてくれ」というような暴言を吐いた方もいらっしゃるので、そういうことではないかたちでやっていくというのが大切だと思います。

大原理事長にお伺いしたいのですが、やはり美術館だけではなくて、実は病院もつくられたり、いろいろなかたちで地域貢献をされて、ずっと経営をされてきているんですけれども、そこらへんの思いとか、そういうことについてちょっとご意見をいただければと思います。

クリエイティブな人材を使いこなせる企業に

大原　そうですね。そこについては多分2つの方向、両方をお話ししなくてはいけないと思うのですけれども、一つは今福武さんが言われたように、企業は富をつくると。その富をどう使うかということについて、これは実は非常に今の日本の仕組みでは自由度が低くなっている。ということは、企業というのは株主のものである。株主に一生懸命奉仕しなければいけない。ところが、その株主が公開企業の場合には、物言う株主がたくさんいますから、なるべくたくさん配当するようにしなければいけない。言い換えれば、総資産利益率（ＲＯＡ）、Return on Assetsかな、あるいはEquity、というふうな数字を高めなくちゃいけない。それが低まるようなことは一切してはならないということで、寄付に対しては非常に厳しくなっている。

そういうことがありますので、株主さんのほうから、うちの会社はもっとそういうふうな貢献をしなきゃ駄目じゃないのというふうな声が出るような、いわば成熟した株主さんが増えてくるということを期待しなくちゃいけないのか。そこのところは、まだまだ非常に問題だと思います。福武さんのところみたいな、かつてはプライベートだった会社さんのほうが、ずっとそういうことがやりやすいのかなと。

もう一つ。それでは文化のサイドが企業にどういうふうな貢献ができるか、そういう方向でいいますと、これは3つぐらいあると思うのです。

一つは、さっき言ったとおりで、いろいろな文化芸術の素養を持った社員たちは、必ずクリエイティブな仕事をしてくれる。言い換えれば、私もクラレという会社で、かなり開発環境の仕事をしてきましたけれども、世界の開発技術者で、本当にクリエイティブな仕事をしている人たちというのは、理科系一辺倒という人は非常に少ないです。そうではなくて、昼間ガーッとネゴやって、夜飯を食い始めたら、さあオペラがどうだ、観劇がどうだ、例えばポロックの新しいやつがこうなったよ、うんぬんかんぬんがわーっと出るような人たち。美術とか音楽に限りません。詩を語らせる、演劇を語らせる、文学とか、なんでもいいです。そういうふうなことに親しんでいる人たちが、本当にクリエイティブなことをしていると思うので、クリエイティブな面で企業に貢献する人は、必ずそういうふうなものを何か自分の中に持っている。これが一つ。

二番目。だから、そういうふうなことを言えば逆に、これはぜひ企業の方にも考えていただきたい、就実さんにも考えていただきたいと思うんですけれども、そういう文化芸術に関する訓練を受けた学生たちというのは、かなり広く使えます。ところが、使うほうの企業がかなり目利きじゃないといけない。

私の友人は神戸の芸術大学のデザイン科を出て、ある機械メーカーに就職をして、そしてかなり複雑な機械を設計してしまいました。できるんです。なぜできるかというと、デザイン科でセンスを磨いてきたら、あと設計図を書いたりなんかというのは、ＣＡＤとか、computer aided machine とか、そういったものがみんなやってくれますから。コンピュータ使ったら、理科系をやらなくても美術のセンスがあったら機械が設計できちゃう。いいですか。そういう時代ですから、芸術系の訓練を受けた人は、世の中に非常に大きく役に立てる、活躍できる。それだけ企業の側は採用する人材の幅が広げられますからね。本当に目利きだったら、ソニーの盛田さんとか非常に目利きの方がおられたから、大賀さんという人を社長にした。この方はオペラ歌手ですからね。東京芸大出身ですからね。だから、そういうふうに非常に芸術・文化の教育を受けた人が、こういうふうに働けるようになれば、経済界としては人材調達の幅が非常に広くふくれる。

それから、最後に言えば、企業のあり方を決めるのは文化だということがかなりあると思うんですけれども、またタイムキーパーからレッドカードが出そうなので、それはもしも機会があれば、後ほどということにさせてください。

司会 どうもありがとうございます。では、蓑先生ひとこと。

教養の貧しさが寄付や文化予算に反映

蓑 これだけ日本で寄付を集めても、もちろん財務省がお金を取るだけですから。なかなか寄付に対してのメリットがあんまりないですよね。あんまり寄付した人も少ない。私も大学院からですけれどもアメリカで教育を受け、法律を勉強する、医学を勉強する、建築を勉強する、必ず4年制です。歴史をやったりいろいろなことをする。その大学を出て初めて医学部へ入る、法律を勉強する、建築を勉強する。そういうことが将来やはり美術のコースを取ったりということにつながる。

大学4年間でいろいろな社会勉強をしますけれども、日本の場合は最初から医学部ですから、なかなかそういう余裕もないし、そういう人たちが美術に親しむ、将来お金ができて美術品を買うとか、そういう方向にいかないんですよね。それはやはり大学でしっかりと一般教育を4年、日本だと1年とか2

年とかしか一般教育をしませんけれども、４年制の大学をしっかり勉強することによって、あらゆる社会勉強をした上でお医者さんになる、法律家になる、ビジネスマンになるということが、そこがやはり日本の大学を出たのでは余裕もないと思います。なかなかそういう人たちが、美術館とか音楽とかそういうものに対してサポートできない。

アメリカの場合は、会社でも５％は全部免税になりますので、そうするとやはり会社も美術館へ寄付する、劇場に寄付するとか、そういうことは彼らの会社のイメージも上がるから、こぞって巨額のお金を美術館へ。それで美術館や交響楽団も成り立っているわけですが、日本の場合は国の文化予算しか取るところがない。日本の文化予算というのは、世界に比べたら本当に恥ずかしい。フランスの場合は、全予算の１％が文化予算ですから、日本の場合は０・11％ぐらいですよ。日本は、世界でこれだけ文化予算が少ない国はないというぐらい。だから、それはやはりそういう余裕を持った教育を受けていないことが、今のこういう社会をつくっていっていると私は思います。

司会　ありがとうございます。大学に籍を置いている者からすると、非常に耳の痛い、われわれが本当にどういう教育をすべきなのか、多分これは大学だけではなくて、ひょっとすると幼稚園とか小学校、中学校、高校の教育のあり方を、もう一度考え直さないといけないのかなというふうな感じを受けました。

瀬戸内文化圏の発展へ向けて

時間があまりないので次へいきたいのですが、３番目の質問は、瀬戸内文化圏という、それはつまり旧吉備国なのかも分かりません。私はその専門家ではございませんが、吉備国というのは、今の姫路からもちろん備前・備中・備後、それから香川とか愛媛まで入っていったというふうな、それぐらい広い。おそらくその中に介在していたのは、瀬戸内海という海が、人の交流とか文化の交流を実現させたのだろうというふうに思います。そういうその文化圏が、これからどういうふうに発展していったらいいのかというようなことを、少しご意見を頂戴してみたいというふうに思います。

たまたま、私は実は湯原の温泉旅館さんのホームページを新しく作るプロジェクトにかかわらせていただいて、いろいろ資料を調べてみると、倉敷の大原美術館さんにお伺いして、そのあと湯原温泉に一泊泊まって、それから次は足立美術館へ行く、そしてぐるっと回ってくる。あるいは直島に行って一泊して、豊島へ行って、そして次の日に帰ると。行政単位ということを考えると、完璧に消費者はそれを越えておりまして、もっと広い視点というのが必要なのではないか。特にこれから21世紀、10年後、20年後を俯瞰した場合には、もっともっと広い視点から考えていかないといけないのではないかと思うのですが、この点についてご意見をちょうだいできたらと思います。

では、福武さん。

身近なところに価値を見いだす

福武　瀬戸内海はたまたま芸術祭等もやっていますが、2つお話したいと思います。

一つは芸術祭をやるときに、岡山県と香川県で、岡山の場合は、僕は玉野市と併合したらいいという推進派で、そうすると瀬戸内海と岡山市が接するから。でもそれは実現できなかったんですけれども、香川県に話を持っていくときに、当時の知事に、香川県は小さな県で、瀬戸内制海権が握れますよという話をしたんです。要するに、当時広島とか神戸とか愛媛とか、瀬戸内海についてほとんど誰も目がいっていなかった。いわゆる海でない部分、陸地の部分だけでいろいろなことが話をされているけれども、そうではなくて、瀬戸内制海権をこれからどこが取るのだと。芸術祭をやれば、制海権は香川ですよと。多分これからもずっと、瀬戸内制海権は香川だと思います。

もう一つの話は、なにもアートだけでなくていいと思うんですね。やはり地方に本当に豊なところがあるんだということをもっともっと感じるべきで、それは皆さん方もご存じと思いますけれども、藻谷浩介さんは『里山資本主義』という本を出されて、その中にアートはないけれども、地方というか田舎の生活の豊かさというものをたくさん語られているわけです。なにも文化だけで地域興しをやらなくても、足元にあるよさ、海やモノをどう発見するか。それは別の言い方をすると、日本もかつてそうであったように、隣の芝生は青く見えて、アメリカがいいと思えた。ああいう「Cash is King」の国がなんでいいのかな、なんで東京がいいのかなと、僕はいつも思うんだけれどもね。そういう、なんて言うのか、自分の地方にもっともっと価値があるんだという、そういう考え方をもっと多くの人が持つことが大事だと思っています。

司会　はい、分かりました。大原理事長、少しその点についてご意見をいただければと。

互いの良さを学び合おう

大原　今のとおりだと思います。そういう意味で、今、足元にあるよさにもっときっちり気が付かないといけない。その通りなんだけれども、同時に、私はつい2、3週間前に高松でいろんな方とちょっとお話をする機会があったんだけれども、そのときに痛感したのは、なんと私は四国のことを知らないんだということです。これはとてもまずいです。ですから、さっきは岡山県ではあらゆるところに素晴らしい種があるということを申し上げましたけれども、多分これは岡山だけではなくて、讃岐にも伊予にも阿波にも、そういうものは必ずあるに違いないので、そういうお互いに分かり合う努力というのを、もっともっと進めていく必要があるのではないかと痛感しました。

例えば、私のところは美術館だけれども、向うへ行けば流政之さんとか、それからもちろんイサム・ノグチさんとか、丸亀へ行けば猪熊弦一郎さんとか、素晴らしいアーティストたちがどんどん育っている土地柄なんですよね。それならば、そういうことをお互いに岡山県と讃岐、吉備と讃岐でお互いに見せ合いっこしようよとか、そういうふうなかたちの動きがもっと出てきていいのではないかな。だからそういう意味では、瀬戸内芸術祭トリエンナーレがあって、それに岡山と香川と両方の港を出て、いろんな人が出て行って向こうで出会っているというのは、素晴らしいことだと思います。

それからもう一つ。これは別に肩を持つわけではないけれども、今度のあの「瀬戸芸（瀬戸内芸術祭の略称）」と言っていいのかな、あれについて私がすごいと思うのは、ひとかどの大人たちが、真面目になって参画している、ですよね。ただちゃらちゃらの学生と言ったらそちらの学生さんに申し訳ないけれども、というふうな人たちだけではなくて、きっちり日頃はネクタイをして仕事をしている、そういう大人たちがこの間は必死になって参画していますよね。この姿というのは素晴らしいと思う。この姿を実現しているのは、実は讃岐の人たちだよね。

ということですので、そういうところに倉敷・岡山からも「僕らも寄せて」と言って行けるような雰囲気になれば、すごくいいですね。そういうかたちで、お互いの足元のよさをお互いに学び合う、そんなことが必要なのではないかという気がしています。

司会　ありがとうございます。蓑先生は、金沢21世紀美術館を立ち上げられて、すでに７００万人というすごいレコードをつくられた。最初に１００万人を目指すと。金沢市の人口も少ないし、ということは外から来てもらうことをいろいろと考えてこないといけないので、当然、蓑先生の頭の中には、単に金沢市民だけではなくて、広い人たちを巻き込んでいきたいという思いがあったと思うんですが、そこらへんのお話を少し聞かせていただけませんでしょうか。

まず地元の人に誇りをもってもらうこと

蓑　もちろんやっぱり美術館というのは、金沢の場合は金沢にあるので、金沢にお客に来てもらえること。だけど、私の本音は、やっぱり地元の人に誇りに思える美術館を造らないことには、なぜ外の人が来るんですかという質問なんです。だから、まず地元の人に好かれるにはどうしたらいいかというのは、やっぱり地元を大事にすること。だから特別に、年に何回か地元の人にフリーデーをつくるとか、そういうことも大事だし、それによって話題になって、それがまた世界へとつながっていく。実際に、子どもたちがそれをつくってくれたと僕は思う。４万人の子どもたちが見て、子どもたちが親を連れてきてくれたことが今の金沢だと思いますし、やっぱりリピーターがなかったら、45万人しかいない街で毎年１５０万人来て、もうすでに入場者が１０００万人を越えているわけですからね。そんなことは世界でも考えられないことで、それくらいの入場者がいるわけですよ。

なぜ、そんなに来るかというと、やはり子どもが親を連れてきてくれたこと、それがまた話題になり、世界中からやってくる。もちろん、建築を見たさに来る人がすごく多いとは思いますが、そういうふうに世界へ世界へと広がっていき、今は外国人も考えられない数の人が来るし、今までシャッターを下ろしていた店も開くし、ホテルの数もすごく増え、レストランも増えてきた。そういうふうに経済波及効果というのはすごくあるのです。美術館とあまり関係ないというんじゃなくて、やっぱり美術館を目指してくることによって、ただ美術館に来るだけでは、金沢にお客は来ないのです。やはり金沢にはいろいろと見る所があるから、金沢の美術館に来て、他の所も見る。岡山へ来て、美術館を見て直島へ行くとか、そういうふうに広げれば、あらゆる所に経済波及効果があるのです。

そうすると、各県もそれにくっついてくると思いますし、瀬戸内も、本当は私は遣唐使の出た難波津《なにわのつ》から、吉備入唐《にっとう》の吉備真備さんが、浪速から中国へ出て行ったんです。その人がこの岡山出身というのを私は今日初めて聞いたのですが、そういうことも一つの話題になるし、しかも「吉備大臣入唐絵巻」という大変有名な平安の絵巻があって、それが今はボストン美術館で大変な高値になっていますので、それで日本とアメリカともつながってくるし、いろいろと探ると、世界ともどんどんつながっていくわけだから、そういうものも話題にあげれば、いろいろな所から人が集まって来ると思います。

周囲も巻き込んで地方から新しい文化を

ただ一つだけが目的ではなくて、もっと瀬戸芸（瀬戸内国際芸術祭）も私たちもやりたいし、神戸もやりたいし、淡路島も一緒に参加したいと。そうすると、大阪から瀬戸内海全部をひっくるめると、壮大なイベントになると思いますよ。壮大な絵巻物ができると思うので、そういうことを本当に真剣になって、福武さんがその道筋をつけてくれたわけですから、それをわれわれは受け継いで、それが50年、１００年かかってもいいと思うんです。やっぱりそれくらいのスパンで考えないと、すぐに結果を出そうとするから、すぐにやめてしまうことになるんです。そこでお金を使い切ったら、もうお金を使いすぎるということになるので、ステップ・バイ・ステップということは本当に大事だと思います。せっかくそれをつくってくれたんだから。

私は１９８９年に初めて直島を訪れたのですが、本当に考えられないことです。あれだけの建物が出来上がって、街も世界の人が集まる街になったわけですから。89年の時には、安藤さんも、ここがこうなるとは誰も思っていなかったと思います。やれば出来るんですから。それは、福武さんのパッションがあるからでしょう。やっぱりそういう運転手がいなかったら、何も前に進められないですよ。福武さんに長生きしてもらうために、いろいろな治療をしないといけないし、薬も与えないといけないのですが、こういう大事な人はなかなか世界でも出てこないので、日本の国宝ですから、そういうことですからぜひ健康に留意して、長生きして下さい。(拍手あり)

大原　1分だけね。もちろんそうなんだけれども、それと今の絵巻物に関して言えば、あまりご存じないかもしれないけども、桓武天皇が平安京をお造りになったでしょう。その下で、平安京を実際に造営したのは、和気清麻呂でしょう。岡山人ですよ。「岡山人が平安京を造ったんだよ」というふうなことをお互いにもっと知り合ってくると、そういう絵巻物がいろいろとできてくるじゃないですか。そういうのを私は昔から……

蓑　地元の歴史をもっと教えないとね。

大原　そうです。それ同士が交流して、「インター・ローカル・ネットワーク」と私は名付けているんだけれど、そういうのをどんどんとつくっていくことによって、福武さんが言っているように、「東京より私らはえらいで」というふうになってくればええですな。

蓑　司馬遼太郎が(言っているんですが)、文化は人が来て初めて文化が生まれるんです。人が来なかったら文化はないんですよ。皆さん、僕のことを入場者数ばっかりが頭にあるとかよく言われるんですが、それだけじゃないんです。やっぱり人が来て初めて新しい文化を築いてくれるわけだから、ただ人集めすればもうかるという発想ではなくて、われわれが新しい文化をつくっていかなければいけないし、司馬さんが、「自分は21世紀は生きられないけれど、君たちは幸せだよ。ぜひ、21世紀の世界がどういう世界か教えてくれ」と5年生に書いた素晴らしい文があるのです。

残念ながら、21世紀になって本当にろくなことはないんですけれども、それを司馬さんに言ってあげたいですが、これからはわれわれが新しい21世紀を築かないといけない。ただ待っていても絶対に来ませんから。われわれが本当に努力して、新しい21世紀を（つくらないといけない）。福武さんにしろ、大原さんにしろ、素晴らしいスポンサーがいるわけですから、日本は絶対に負けないし、岡山も東京に負けないと思いますから、地方から新しい文化をつくりましょう。（拍手あり）

出発点から世界一を狙うべき

福武　今、蓑さんが言われたように、街も女性も同じなんですね。他人から見られて、美しくなる。身内の人に言われても、なかなか美しくならない。

だとすると、岡山にそういう他人、要するに市民の人の誇りももちろん大事だけれど、同時に、日本から世界から行ってみたいと言われる、それくらいのものをつくらないと決してよくならないのです。だから、やっぱり地元の祭りもいいんだけれど、それが日本や世界の人を迎えるようなものに最初からしないと（意味がない）。だから、直島ははげ山だったんだけれども、最初から世界一を狙っていたんです。何事をするにしても、最初から世界的なものをやるという、そういう気持ちですべきだと僕は思うし、たとえば、文化の中心に美術館というものがありますよね。その美術館も、岡山県立美術館では人は来るわけはないですよと。

私も国吉を寄託しているんだけれども、要するに「岡山県立美術館・国吉美術館」にしろと言っているんだけれども、全然やらないんですよ。お金はほとんど掛からないのに。だけど、それくらい単純なことなんです。世界の人に注目させるということを最初からやる。自分のうちのオフィスをつくるにしても、建築は世界的な建築家に頼むとか、さっきも申し上げたように、設計料は変わらないわけですからね。そういう発想があまりにもなさ過ぎるのです。地方都市にこそ、小さくてもいいから、世界的な、世界の人を呼べるものをいかにつくるか。もう簡単なんです。そういったものが集積すれば、岡山はもっとよくなるし、考えてみたら、「いま岡山に世界の人が注目する建築物がありますか」といえば、ないですよね。今度岡山大学で、ＳＡＮＡＡ（サナア）のＪホールができましたが、あれはやっぱり有名です。同じ公共建築でも、私は夢のある発想をもっともっとされたらどうかなと思います。

蓑　最後に、一つだけ。

福武さんね、私の本にも少し書きましたが、アメリカに、本当に４万人しかいない小さなコロンバスという街があるんです。そこに一人の人間、福武さんみたいな人がいて、自分の会社に大事なエンジニアを呼びたいが、どうしたらすごい人間がこんなちっぽけな街に来てくれるかと考えた。彼の発想は、まず建築の街にしようと思った。もちろん設計料は会社が出すのです。まず小学校や中学校、高校、郵便局という公共の建物を建てようと思った。しかし、世界一の建築家に建てさせる。その設計料を、世界一のディーゼルの会社・カミンズが全部払って、つくりあげたのです。

それは、１９４２年ですから昭和17年からですが、今でも街は新しく他の企業が来ても、素晴らしい建築家に建てさせています。そのくらい、世界でも、しかもあの広いアメリカでも6番目に人気のある観光地になっているのです。それは、この一人の男がそういう発想でやったことが、街を変え、会社を世界一にした。そうすることによって、みんながこの街で子どもたちを育てようという気持ちになり、あらゆる所から、Caltech（カルテック＝カルフォルニア工科大学）やＭＩＴ（マサチューセッツ工科大学）の卒業生とかみんなそこへ働きにくるわけです。直島で福武さんが成功しているわけですから、この継承で他でもできるわけなのです。他の企業家が、皆がそういう気持ちを持っていただけると、もっと地方も発展すると思います。

司会　ありがとうございます。

大原　一つだけ。岡山県立美術館、あれに対しては、私が望むことはたくさんあります。だけど、少なくともこれは覚えておいてね。よそから来た人を、「ここは郷土ゆかりの作家たちの美術館ですよ」と連れて行って、まずあるのが雪舟ですからね。次にあるのが武蔵でしょう。この次は村上玉堂だよ。だから、望むところはたくさんあるけれども、あれは決して捨てたもんじゃないですから、皆さんがっかりしないで下さい。もちろん、国吉の素晴らしいものもありますけど。

司会　実は、経営学部は、大きなコンセプトは今日のテーマにも入れております「Think Globally, Act Locally」ということをいっておりまして、ご発言を聞いておりますと、出発点からグローバルな視点を持ってないと、そういう大きな視点で何かを作り上げていくということを考えない限り、おそらく歴史とか文化の掘り起こしを、その地域だけのためということだけでは、おそらく成功しないのではないかと。やっぱりコンテクストをグローバルに見ていくということは、おそらく非常に大切なんだろうと思います。

実は、フロアの方からも質問を1つか2つ受けたいので、何か言い残したことで、簡単に一言だけであればどうぞ。

福武　今の話を引き継いで言いますと、世界一になりたいという夢を持たないと、世界一にはなれない……、だからといって世界一になれるとは限らない。だけど、世界一の夢をかけなくては、世界一には絶対になれない、ということなんですよ。

だから、夢を持ったからといってその夢が実現できるわけではないけれども、夢がないと、その夢は絶対に実現できないということを申し上げたいと思います。

大原　一言だけ言いますと、ここに書いてありますけれども、「Think Globally, Act Locally」、これはちょっと変えなくてはいけないね。「Think Globally, Act Globally, from Okayama」というふうに、ぜひこれからも行動もグローバルにしていきたい、――福武氏はまさにそうなんですが――というふうにしていければと思います。

司会　蓑先生は。

蓑　いま、「自分が何になりたいか」というのが本当に分からない子どもがたくさんいるんですよ。何になろうかと。これが一番大事なんです。

ミッションとか夢は誰でも持てるのです。これは成功しなくても、夢はいくらでもできる。でも、今の政治家もそうですが、われわれもまずビジョンがないのです。なんでこれがしたいのか、そのビジョンというものは、ビジョンという言葉を使ったら、必ずそれをやり遂げなければビジョンではないんです。だから、そういうビジョン、これをやりたいという小さなこと一つでもいいです。その自信をつくることによって、次の自信がまた出てくるわけですから、だんだんビジョンを大きくつくっていくということを、ぜひこれからの若い子に持ってもらいたい、そういうビジョンを持てる教育をぜひしてほしいと思います。

司会　ありがとうございます。大学人として、肝に銘じておきます。

I know, guess that you have been listening to the conversation very patiently. This is almost coming to an end. I'm sure do you have something to say, be very gratefully you can say in a few minutes, so I can't give you ten minutes or twenty minutes.

（訳　この討論を熱心にお聞きになっていらっしゃいました。そろそろ終わりの時間です。きっとご意見がおありでしょうから、数分でお話しいただけると嬉しいです。10分も20分も差し上げることはできませんが）

ハプスブルク大公　このたびは、私は外部の者としてお招きいただきましたので、その立場としてのお話となりますので、ご了承くださいませ。

美術館とのかかわりというのは、私はウィーン美術史博物館、エルミタージュ美術館、ブタペストの美術館、そしてメトロポリタン美術館では講義もしておりましたので、岡山と同じ問題にかかわってきたのでよく分かります。特にアメリカやヨーロッパは、国が文化に対して非常に重要な役割、理解をしているという点が、日本とは違うと思います。例えば、共和党はさほどそうではありませんが、民主党は芸術に関する理解が深いです。

また、企業や個人からの寄付というのもとても重要でして、1万ドル以上寄附をして下さった方は、リストに名前を載せられるということも、とても重要なポイントだと思います。またも今回、倉敷の大原美術館や直島の建築物が自然ととても融合していて、その空間と建築物の精神性が全体的に調和していて、いろいろな要素がグローバルで、いろいろな国が混ざって協力しているように、いろいろな芸術の要素が一つの空間でうまく調和していたことに、とても感動致しました。

そして、経営学部の学生向けに講義もさせていただき、皆とても一生懸命で好奇心を持って聞いて下さったので、感謝申し上げます。ありがとうございました。でも一つだけ、問題点としては、やはり言語の問題がありますので、学生の皆さんだけでなく、大学全体として、保護者の皆さんも今後まずグローバリゼーションと考える前に、言葉（英語）を学んで欲しいと思っております。

司会　ありがとうございます。

大原理事長がおっしゃられたように「Think Globally, Act Globally, from Okayama」で、そのためにはちゃんと英語を勉強せにゃいかんよというメッセージだろうと思います。

それで、時間があと少ししかないので、フロアからご質問を受けたいと思いますが、どなたかおられますか。はい、どうぞ。

参加者　今日は大変有意義な話をありがとうございました。就実学園の１１０周年を飾るにふさわしい、大変アカデミックなシンポジウムではなかったかと思います。

大原さん、福武さんは、吉備真備や和気清麻呂の再来じゃないかなと、私は期待しております。

私は今、多少は岡山というのが、先ほどから福武さんがおっしゃっているように、オリンピックまで東京がかなり中心になっていくのかな、さらに磨きがかかるなと思っています。私は今、岡山に「瀬戸際の岡山県」というキャッチフレーズを付けているんです。大変悲観的な言葉なんですが、ぜひお二方に、新しい吉備にふさわしい美術館なりアーティスティックな場所をつくっていただいて、蓑さんをぜひ岡山に誘致していただきたいと。そうなると、すばらしい新たなる芸術のエリアになるのではなかろうかと思っております。

お二方に、これからの岡山に期待するものを、ぜひ一言ずつお願いしたいと思います。

司会　ありがとうございます。それでは、お二人に。

福武　私が言っていることはもう何十年もぶれないんで、路面電車の環状化と延伸。あとは、岡山県立美術館に国吉康雄美術館を付け足したらいいと。それだけです。あとはありません。

司会　では、大原理事長。

大原　いろんな意味で、岡山の人たちは、今の蓑さんたちの話がありましたけれども、いろんなことに参画してくれていると思います。私のところだけでいえば、大原美術館の後援会ありがとうございますと言う場ではないんですけれども、面白いのは、さっきの後援会とか大学創業基金に寄附して頂いた方のリストがありますよね。これを熱心に見ていく人が非常に多いです。ということは、そういうふうに、参画をしていこうということに対する気持ちは多くの人が持っていると思いますので、これは一つの大きな力なんだろうと思います。

ただ、ではそれはどういうふうにしたらいいのか。蓑さんをどうやって誘致したらといいかというのは、これは岡山市長さんにお伺いするしかないので、私はよく分からないのですが、もう一つ、さっきの話に続いて言えば、ここに高校生の方々、大学生の方々が来ておられますが、英語の話で言えば、受験英語をばかにしないでください。あれはすごく役に立ちます。私はけっこう英語をしゃべれるんだけれども、基本的にはこれは受験英語ですからね。受験の時に学んだ文法とか単語とかイディオムとか、これがしっかり生きています。だから、勉強しないでも英語がしゃべれるなんて、あれは嘘ですから、あんなことは、信用しないで、苦労して、汗を流して英語を勉強してください。

司会　ありがとうございます。もう一本だけ、若い学生の方はいらっしゃいませんか。

参加者　ＮＰＯ法人国際協力研究所・岡山の池田と申します。

いろいろとお話を伺って、まずこれから直面する日本の少子高齢化に対して、岡山県の６割は中山間地域といわれていますが、これをもう一度ルネッサンスをするとしたら、どういったことができるとお考えでしょうか。それをお聞かせ願いたいと思います。

福武　私は日本の人口が６０００万ぐらいだったらいいと思っています。私はニュージーランドに住んでいるんですが、ニュージーランドは日本の４分の３ぐらいで、食料自給率は３００％、エネルギー自給率１００％なんです。やはり僕は日本の政治というのは根本から間違っていて、日本の政治家の判断の逆をすれば、みんな幸せになるといつも言っているので。

それほど私は馬鹿にしているのですが、例えば本当に豊かに暮らすためには、やっぱり食料とエネルギーが満たされないと駄目じゃないですか。それは日本は経済が目的で、常にお金をもうけてそれで食料とエネルギーを買えばいいというのが基本だと思うんです。それで、減反政策なんて馬鹿みたいな政策をずっとやってきて、今ごろになって、もっと増やせなんて、それはもう手遅れですよね。だから、僕がさっき申し上げたように、道州制にしてその道州の中で食料をちゃんと調達しなさいと。そうすると、僕は関東州ができたら、東京の人は干上がると思うんです。地方の魅力というのは、おいしいお魚とか食料、野菜とかお米があるでしょう。そのおいしいものを、今の地方の農協・漁協はやっぱりお金で東京に売っているわけです。

魅力をお金で売るというのは、おかしいと僕は言っているんです。魅力をどんどんお金にする考えはやめて、その魅力を地元でもっともっと使って、それこそが地方の魅力じゃないですかと。だから僕は道州制をして、少なくともその道州の中で食料・エネルギーを調達する。どうしても、道州以外から食料・エネルギーを仕入れる場合は、非常に高い関税を付けたらいいと。というぐらい徹底しないと、駄目だと思うんです。

司会　ありがとうございます。ここを聞きたいとか、もう少しそこを掘り下げたいというところは多々あったかもわかりませんが、これで討論会を終わりにしたいと思います。ご登壇者の先生方に、もう一度盛大な拍手をお願いしたいと思います。どうも本当にありがとうございました。

閉会の辞

就実大学学長　稲葉英男

就実大学学長の稲葉でございます。今日は長い間、お疲れさまでした。岡山、または瀬戸内圏に関しまして、４名の講師の方、それから参加者から貴重な質問等をいただきまして、何か私ども教育機関としましても、将来が少し見えて来たかなという気がいたします。

少し時間を借りまして、今日のまとめと、それから大学、学園等の現状も少しお話しして、いろいろとお願いしたいことがありますので、よろしくお願い致します。

第１部では、非常に世界的な権威の４名の講師の方に、ヨーロッパ、それから我が国の文化・芸術、特に美術館活動を通じてどんなことが起きているか分析・評価されて、それが地域社会にどういうふうに影響しているのか、例えば、美術・芸術を学ぶわけではなくて、それを起点にしていろいろな思想的な広がりが出てきているというようなことがご理解していただけたと思っております。これは講師の方の高い見識でそういう話になったというふうに私どもは理解しまして、講師の方々に主催者を代表して心からお礼申し上げます。

それから第2部は、日本全体がどうなっていくのか。やはり地域が元気にならなきゃ駄目でしょうと。そして元気になるのは、ただ産業だけ誘致すればという話ではないのではないか。やはり地元に根差した、特に文化・芸術から、思想的な面から、いろいろ発展しなければ地域に根差したものができないのではないかと結論的な話だと思います。特にいろいろな産業というのは、ベースになるような文化、芸術ということです。そこから創造的なイノベーションが生まれる。その産物として、いろいろな産業が出てくるわけです。

特に日本は人口の縮減、特に地域が疲弊している状態で、この状態をどのように展開するかとなれば、やはり皆様が持っている考え、脳学的に言えば、右脳のひらめきということです。ひらめきはどこから出てくるかというと、やはりその人の持っている基本的な芸術なり文化なり思想だと思います。そのひらめきを誘発するような機会が、やはり美術館であり、こちらでご紹介いただいた直島アートとか、そういうものが重要ではないかという気がします。

それから、もう一つ、地方に意欲ある若者がどう集まって来るかということであります。これを引き付けるには、今の経済成長ばかり気にしていた、スピードの社会ではないのではないかというご提案だと思うのです。これは、時間的、精神的にゆとりのある地域社会をどうつくっていくかということが基本ではないかというご提言であります。そうすれば、若者が集まり、それに伴い出生率も上がってきて、地方が元気になって、日本全体を救うという、そういう流れになるのではないかというふうに理解しております。

特に、今日は直島国際アートプロジェクト、地域の美術館の展開というもの、これが地域活性化の起爆剤に実際になっているのです。たとえば、これに基づいて、我が国の国際観光貿易収支として1000万人の海外からのお客さまを集めて黒字になったという、一つの例なのです。これは日本全体がそうなんですが、やはり東京・京都・大阪ばかりでなくて、地域からの貢献というのはかなり大きいのではないかと思っております。

それからもう一つ、私どもは教育機関におりますので、教育機関のことに関して少しお話ししたいと思います。

今、特に地方の大学の機能分化です。地方の大学はどういうふうに地方に貢献していくかということは、非常に大きいところなんです。私ども就実学園は、やはり地域から人を集めて、地域に人材を供給して、人のいい循環を図ろうと考えている。県外から来られて、それでわたしどもの所で活躍する、それもかまわないのです。でも、その基本には、やはり地域の人材が県外の人材をどのようにうまく融合していくか。その核になるのは、やはり地方の人材ではないかと考えておりまして、そういう面から、私どもは自分から学んで、考えて、行動するような、そういう人材を送り出したいというふうに考えております。

また、就実学園全体の宣伝ではないのですが、申し上げますと、今就実高校は定員が450名のところ、6000人もの受験者が集まってきております。それから中学は、定員が100名のところを400名ぐらいの希望者があります。またもう一つ、就実こども園というのがございまして、ここも定員いっぱいの園児がいるということで、私どもも地域に対して少しでも貢献しようというふうに頑張っております。

それから大学のほうですが、経営学部ができまして、これはいわゆる社会科学の分野なんです。もともと人文科学という分野がありまして、薬学がありまして、自然科学ということで、この三つの学系がそろいますと、いわゆる総合大学という基軸で、私どもは学際的な文理融合の幅広い視野を持った人材育成をしていこうということで、そういうことで地域に貢献していこうというふうに考えておりますので、皆様にはご支援のほどよろしくお願いいいたします。

それから、今後の就実学園の創立110周年事業に関しましては、10月22日に110周年記念の講演会があります。10月25日に就実大学・短大のホームカミングデー、そして11月15日にオール就実デー、さらに本学客員教授で英国のエコノミスト誌の元編集長であり、『日はまた沈む』、『日はまた昇る』ということで知っておられると思いますが、ビル・エモット氏の講演会を企画しております。これは本学のホームページでご案内します。たぶん今日のような非常に興味ある話が聞けるのではないかと思いますので、ぜひともご参加くだされればというふうに思っております。

本日の講演会、座談会に参加された皆様、それから会場で4時間以上の長時間ご聴講賜りました皆様のご発展とご健康を祈念致しまして、閉会の辞に代えさせていただきます。

ありがとうございました。

就実大学経営学部

現代社会が抱える多様な問題について、主にビジネスの観点から学ぶ学部。グローカルなマネジメント能力を身につけるカリキュラムで理論や実践を学び、ビジネスプロフェッショナルでありしかもグローカルな人材を育成する。グローカル人材とは、グローバルな視野を持ちながら、ローカルなニーズに対応できる人のこと。創立110周年を迎えた就実大学に2014年4月設置。

就実大学 / 就実短期大学 / 就実大学大学院

〒703-8516 岡山県岡山市中区西川原1-6-1
TEL：086-271-8111　FAX：086-271-8222
URL http://www.shujitsu.ac.jp/

文化の発信基地としての瀬戸内文化圏の未来

2015年3月9日　初版第1刷発行

編　者―――就実大学経営学部
装　丁―――佐藤豪人（HIDETO SATO DESIGN）
版　組―――小林ちかゆき
編　集―――金澤健吾
制　作―――吉備人出版
〒700-0823　岡山市北区丸の内2丁目11-22
電話086-235-3456　ファクス086-234-3210
印刷所―――株式会社三門印刷所
製本所―――株式会社岡山みどり製本

ISBN978-4-86069-405-0
本誌の制作費の一部は、公益財団法人福武教育文化振興財団の助成金を使用しています。